JN439059

김기성 시집

고독, 그 여정의 끝

김기성 시집

고독, 그 여정의 끝

초판인쇄 2020년 4월 6일
초판발행 2020년 4월 10일

지은이_ 김기성
발행인_ 이현자
발행처_ 도서출판 현자

등 록_ 제 2-1884호 (1994.12.26)
주 소_ 서울시 중구 수표로 50-1(을지로3가, 4층)
전 화_ (02) 2278-4239
팩 스_ (02) 2278-4286
E-mail_001hyunja@hanmail.net
값 11,000원

ISBN 978-89-94820-58-3 03810

이 도서의 국립중앙도서관 출판예정도서목록(CIP)은 서지정보유통지원시스템 홈페이지(http://seoji.nl.go.kr)와 국가자료종합목록 구축시스템(http://kolis-net.nl.go.kr)에서 이용하실 수 있습니다.(CIP제어번호 : CIP2020013961)

김기성 시집

고독, 그 여정의 끝

도서출판 현자

시인의 말

초등학교 5학년 시절, 여름밤 냇갈 다리 위에 누워
만월을 보며 인생의 무상함을 느꼈다
친구의 말, 머리에 피도 안 마른 녀석이 감히 인생을 운운하다니

그해 가을 미래의 문호가 될 아호를 雲風이라 지었다
6학년 첫 작품으로 여학생에게 러브레터를 10통 정도 썼다
소문이 나자 중학교 형이 연애편지를 써 달래기에 "형아, 20원이다"
그 돈으로 붕어빵을 사서 친구들과 나눠 먹고 구슬도 샀다
그렇게 몇 번……

1973년 서울 용마산 자락에 둥지를 틀고 수년 동안 시와 소설을 썼다
그러나 시대적 배경은 나에게 실망만을 안겨 주었고 섣달 겨울,
천호동 으슥한 둑으로 갔다
막상 자살을 하려니 구만리 청춘이 너무 억울했다

그 후로 두 번 더……

결국 나는 필을 놓고 말았다

세월은 마냥 흘러갔다

90년, 수석에 매혹되어 취미 생활을 하면서

한 여류 지인의 도움으로 다시 붓을 들었다

나의 오랜 꿈이고 소망이기도 했다

40년이 훌쩍 지나가버린 이제

연애편지처럼 수줍은 작품을 세상에 내놓는다

한편으로 소년처럼 부끄럽다

경자년 피난골 자락에서

雲石 김기성

고독, 그 여정의 시작

일천구백칠십사 년 22살 서울 용마산
달동네 둥지 틀고 살던 시절
예닐곱 살 미순이가 한 말이 뭉클하게 가슴을 적셔왔다

엄마가 오빤 시인이래…
오빠 시를 뭐하게 써!
오빠 시는 어디다 써먹는 거야
오빠 시는 좋은 거야 나쁜 거야
오빠 시 쓰면 하얀 쌀밥 배불리 먹을 수 있어
오빤 참 좋겠다
나 크면 오빠한테 시집갈 테야
요 쥐방울만 한 것이
나는 갈대의 사색이 되었다

암울한 세상, 우울한 사람들뿐
내 인생의 고독 덧깔아 놓고
서울 하늘을 쳐다본다
남산의 낮달이 차올랐다
그들이 웃는다

차례

시인의 말 …4
서시 …7

1부_ 나의 살던 고향은

비룡산 …18
내 마음은 콩밭에 …19
봄을 캐는 남자 …20
복분자와 꽃뱀 …21
나의 살던 고향은 …22
충혼(忠魂)의 노래 …24
허수아비 2 …25
허수아비 3 …26
유월이 오면 …27
농부는 밥이다 …28
효란 무엇인가 …29
엄마의 노적봉 …30
정든 집 …32
내 그녀는 산타다 …33
돈에 독이 오른 여자들 …34
神이 버린 자식의 땅 …35
바람의 전설 …36
내 고향 피난골 …37
내 귀여운 손녀 수정이 …38

2부_ 폭풍의 언덕

40… 거룩한 사랑
41… 공황(恐慌)의 계절에 즈음하여
42… 꿀 먹은 벙어리가 되자
43… 도둑들이 모여 사는 동네
44… 비망록 연가
46… 비통
47… 사랑으로 감싸고 싶어라
48… 삼세번 죽었을지라도 다시
50… 아주 특별한 열쇠
51… 아주 특별한 잠금쇠
52… 칼바람
53… 판도라의 시나리오
54… 팔만대장경
55… 폭풍의 언덕
56… 하늘 자화상
57… 따로 국밥이 좋은 날도 있다
58… 허무와 허상
59… 뜬구름 1
60… 新 정읍사

3부_ 겨울 나그네

겨울 나그네 …62
공황(恐慌) …63
그 쓸쓸함에 대하여 …64
그림자 …65
기도 …66
나도 신선이오 …67
내 인생의 프로필 …68
노란 리본 …70
욕망의 세계에 사는 사람들 …71
어느 탕녀의 이야기 …72
자화상 2 …73
자화상 3 …74
청춘 …75
첫사랑 …76
탈 …77
청계천의 四季 …78
太陽의 帝國 1 …80

4부_ 고독, 그 여정의 끝

82… 질투

83… 내 고독은 참 바쁘다

84… 비수의 잔

85… 나는 천국을 베어냈다

86… 고독은 맹물 같은 벗

87… 공허(空虛)

88… 나는 들꽃처럼 살고파

89… 행복의 노래

90… 고독, 그 여정의 끝

91… 불효자의 후회

93… 꿍꿍이가 있는 날

94… 사랑과 이별

95… 비상

96… 황산에 올라

5부_ 아름다운 흔적

바람은 어디서 왔다 어디로 가나 …98
그날 이후 …100
천자의 성 …101
裸木의 절규 …102
그대 저 눈밭에 사슴이 되어도 …103
달동네 애환 …104
별을 기다리는 마음 …106
나는 바람이 되어 …107
진정한 애국자들 …108
댕기머리 소녀 …110
청춘 고백 …111
배반의 시인 …112
나는 장돌뱅이 …114
봉만 삼촌은 부처다 …116
김종태의 죽음을 애도하며 …118

6부_ 내 마음을 훔쳐낸 여자

120… 그리움 3
121… 불멸의 사랑
122… 얼마나 더 아파야
124… 마지막 협상카드
126… 그는 염라대왕이었다
128… 암호명 007작전
130… 내 마음을 훔쳐낸 여자
131… 미영 새의 슬픔
132… 목마와 소녀
133… 사슴의 눈물
134… 진실
135… 여심
136… 열애 1
137… 염원
138… 증폭
139… 천상의 여인
140… 그대는 나의 카멜레온

7부_ 판타지 꿈의 미학

전설 …142
샤머니즘의 세계다 …143
천하를 얻고 싶다면 …144
신들린 과학 그리고 오염된 도시 …146
내 꿈 안에 누렁이가 …148
위대한 사랑 …150
용이 승천하다 …152
시인은 순백하다 …153
상실과 기쁨 …154
버킹검 궁에서 온 독수리 …155
나는 죽어보고 싶다 …156
나는 시간의 賢者다 …158
어느 정치가의 종말 …159
나는 새로운 역사를 쓰다 …160
공든 탑 …161
오메 부황 나겄다 …162
신과의 약속 …164

8부_ 어느 돌쟁이의 사랑

166… 나만의 행복
167… 돌, 그리움 2
168… 돌, 그리움 1
170… 돌 나그네
171… 돌 꽃
172… 돌의 미학
173… 어느 돌쟁이의 사랑
174… 열애 2
175… 자화상 1
176… 제행무상
177… 파랑새 성산 일출봉 날다

• **작품론**

김기성 시인의 시 세계/ 김경수 (시인, 문학비평가) …*178*

—

1부

—

나의 살던 고향은

—

비룡산

내 마음은 콩밭에

봄을 캐는 남자

복분자와 꽃뱀

나의 살던 고향은

충혼의 노래

허수아비 2

허수아비 3

유월이 오면

농부는 밥이다

효란 무엇인가

엄마의 노적봉

정든 집

내 그녀는 산타다

돈에 독이 오른 여자들

神이 버린 자식의 땅

바람의 전설

내 고향 피난골

내 귀여운 손녀 수정이

비룡산

피난골 제각 넘어 원챙이 뒷산에는 고릿적부터
떡갈나무 오리봉 나무 왕솔 나무 숲에
큰 소쩍새와 뻐국새가 살고 있었다

꽁판 등성이 넘어 양동리 지나가는 들 국사봉
봉오리에 낮달이 차오르고 7~8월 먹구름 밤
소낙비 퍼부어도 뻐국새 시나브로 울었다

뒷산 뽕닥지를 오르는 오솔길 가에
진달래꽃 흐드러지고 골짜기 물가에
샛노란 개나리 향긋한 내음새가 마실 나서고
토끼 몰이나선 동네 아이들 코끝을 살포시 간지럽게 했다

방주간 앞산 너머 새암 바다에서 동살이 피올라
피난골 사는 뻐국새 노래 소리 따라
원챙이 꽃밭 동호수 속으로 노을이 져갔다

겨울이면 비룡촌 일희가 쇠죽 끓이는 장작불에
노랑 고구마 익어가는 구수한 내음새가 솔바람 타고
신평리 우리 집 싸리 울타리를 살짝 넘어 오는 밤
나는 눈 꽁 속 푹푹 빠져가며 향기 찾아가곤 했었지

내 마음은 콩밭에

오늘도 숫스러워지는 내 마음은
아부지의 땅에 삶을 빚고 있다

새벽이슬처럼 청초한 나의 꿈 나래
깃털처럼 도화桃花 숲 뜰에 살포시 내려앉아
바다보다 넓은 가슴으로 사랑도 심었다

힘들고 슬퍼도 흙의 후예답게 하하하 호호
타인들은 외국 여행 수없이 다녀도 나는
파란 하늘 한번 쳐다보고 호탕 피우고
그 순간 마음을 흰백으로 갈무리하고
흙의 향기 속에서

달빛으로 사랑도 빚고
달빛으로 꿈도 꾸고
달빛으로 시를 쓰며
나는 아부지의 땅에서 후회 없이 살고 죽고

*숫스럽다_ 순진하다

봄을 캐는 남자

신평리 실개천 뚝방 길 개나리 흐드러지고
따사로운 봄 양지 아래
노랑나비 팔랑거리는 춤에 취해
한 사내가 봄을 캐고 있다

요사이 선거철이라고 귀청이 시끌벅적하다
젊은이들 마이너스통장은 하늘 밑까지 차오르고
새색시들 허리춤은 마냥 안압 오는데
날 담보들이 진골을 죄다 우려가고 있다
오늘 날아온 지역 노새 역시나
제 밥그릇 핑계만 뿌리고 날아갔다

生 亡子 절망이라는 듯 무릎 속에 고개를 파묻었다
툭하고 떨어진 진하고 붉은 눈물 한 방울
노랑 민들레 꽃술을 살갑게 헤집자
눈을 휘둥그레 뜨고 가냘픈 경련을 일으킨다
오늘도 시인의 붓끝에서
세상 끝자락에선 탕아蕩兒의 미소가 피어나듯
그들을 향한 처절한 절규의 묵향墨香이 춤을 춘다

복분자와 꽃뱀

젊은 아낙네가 복분자 골에서 시름을 한다
6월 뙤약볕에 겉옷이 한 겹 떨어져 나가자
상큼한 천도화가 금방 터질 듯 대롱대롱
속살 비치는 꽃송이가 하늘 밭에 뿌려졌다

아낙은 능란한 솜씨로 두럭을 탔다
긴 꼬리 은색 가위가 사각사각
복분자 선홍색 피가 심장 속을 탈출하여
아낙의 얼굴을 덧칠하자
코 밑을 떠난 땀방울이 툭 하고 떨어져
심장 깊숙이 파고들자 신음을 토해낸다

귀여운 꽃뱀이 또 허물을 벗는다
새하얀 금사로 짠 비로드 최고급 육면체
마법사의 손 따라 꽃뱀이 우아하게 춤을 춘다
오십 년하고 한해를 더 가꾸어온 어여삐 한
내 꽃뱀이다

*2013년

나의 살던 고향은

4월이면 피난골 꽁판에 진달래꽃 흐드러지고 토끼와 다람쥐
고라니와 노루 천국이다 전설이 깃든 신평리 물방앗간 앞
실개천에 개나리꽃 몽실몽실하면 막내 동생 숙이는 날더러
버들피리 만들어 달라 강아지 마냥 들들 볶아댔다
나는 열심히 명품 악기를 만들어 주었지만
6년 내내 음악 점수는 70점을 맴돌았다

시정 앞 네거리 일백쉰 살 먹은 수호신 당산나무 아래서
순이랑 공기놀이할 재 매미날개 빗살무늬 너머로
파리똥만 한 암고양이 젖꼭지에 앙큼하게 눈빛이 팔려
함께 놀던 머시마들은 서로 순번을 따서 훔쳐냈다

칠월 칠석 장대 같은 비 쏟아진 후 호랑이 장가가던 날
내장산 서래봉에서 입암산 삿갓 바위 뽕닥지로
견우와 직녀가 랑데부하는 쌍무지개 놓이고
오작교에서 선남선녀들은 연둣빛 사랑을 나누자
보천교 차 훈장님은 고릿적 쌍무지개 전설을 애기하며
대흥리가 상서로운 길조라 함박꽃을 피워냈다

피앙댁 여섯째 딸 열아홉 먹던 해 수양버들처럼
나긋나긋 물오른 점순이 푹푹 찌던 7월 밤 샛노란
만월이 함지박만 하게 차오르자

피난골 야트막한 골짜기 옥녀탕에서 무시 같은
알몸으로 달빛을 훔치다가 염색공장 떠꺼머리
숫총각에게 들통이 나자 어느 날 점순이는 신답
방천 아래 하늘 덮은 호밀밭에서 옷고름을 풀었다

강부장촌 뒷산은 도토리와 알밤이 하도 많아서 토끼와
꽃 다람쥐 터줏대감들은 추수감사절 때 하나같이
쉬쉬했지만 발 없는 말 뱀 꼬리 물고 늘어지듯
소문이 퍼져나가자 재 너머 원챙이 국사봉 아래
구물구물 퍼지른 토끼나 다람쥐 군상들은 엄동설한
두 끼 풀칠하기 바빠 겨우 내내 사오리 눈꽁길을
달려와 식량을 제금내 가곤했다

11월이면 울 아부지는 꽁판에서 다람쥐 놀잇거리
솔방울을 지게 바작으로 몽땅 쓸어와 동지섣달 쇠죽
끓이는 아궁이 금불로 태우고 잿불 속에 툭툭 터지는
밤고구마 한 바가지쯤 파묻어 놓고 동지섣달 긴긴밤
선잠 깬 자식새끼들 허기진 배를 달래 주시곤 했다
초저녁 노랑 고구마 익어가는 구수한 내음새에 동네
밤 마실 고양이 아궁이 앞에 쪼그리고 앉아 종자 불
사그라질 무렵 깜빡 잠이 들자 굶기가 태반이었다
보천교 동지섣달 겨울밤 스리 살짝 단꿈에 젖어갔다

충혼忠魂의 노래

1936년 새벽녘 초침秒針이 주춤거리는 틈새로
한 쌓인 영혼들이 술렁거리기 시작했다
방장산 입암산 삿갓 바위 정령이시여!
삼두산 국사봉 비룡산 정령이시여!

반도의 용사들이여, 노령의 정기가 채 식기 전에
저 붉은 제국*을 향하여 충혼에 칼을 들라
불 심장에 하얀 피가 용솟음쳐 오르다
베토벤 황제, 전율이 활활 타올라라!

각세종이 배견拜見의 울음을 터뜨리자
달빛 아래 집시여인*이 바람 춤을 추고
발가벗은 민초들이 어화둥둥 돌아간다
총알 탄 충견들이 게이트 밖으로 나오고
피에 젖은 당산나무 각세종 달빛 아래
왜놈 총칼이 마구잡이 살인이 집행되고
민족의 혼 대륙으로 추방당하고 있다

600만 종단의 열혈들이여!
구국救國의 정기 채 식기 전에
저 붉은 제국을 향하여 충혼의 칼을 들라!

*붉은 제국_ 일제
*집시여인_ 남편을 잃은 아녀자를 칭함

허수아비 2

10월 따사로운 햇살 드리우는
꽃나무골 언덕배기 우두커니 서서
꽤 다정스런 인상 살포시 풍기며
날짐승들이 고구마 밭 몽땅 헤집어
내 그녀 아린 속마음 토닥토닥
달래주는 애처가 허수아비가 될래요

어둔 밤이면 앞산마저 나를 무겁게 짓누르고
멧돼지, 고라니, 노루, 쑥 토끼
저돌적으로 나의 허상 무참히 짓밟고
배고픔에 보채는 새끼들 열댓 데리고 와
깊은 밤 밭고랑에 빙 둘러앉아
달달한 노란 고구마 몽땅 캐와 허기진 배 채우며
하하 호호 행복에 겨운 그들을 빤히 바라보며
나는 허허한 미소 피우고 밤하늘 별을 세는 척
시인 아씨 닮은 새침데기 허수아비가 될래요

허수아비 3

우스꽝스런 얼굴 그리고 시청 앞 광장 우뚝 서서
내 곁을 스치는 수많은 사람들
행복 엔도르핀 가슴속에 심어주고
일자리 찾아 방황하는 2~30 젊은 세대
와르르 무너지는 억장을 통통 달래주는
다정다감한 허수아비가 되고 싶어요

10월 청잣빛 하늘 아래
저 너른 대흥리 들판을 좀 보세요
황금빛 오곡백과
행복 넘친 아낙네 궁둥짝 춤사위도 좀 보세요
순이네 복실이도 덩달아 멍멍멍
나는 비 내리면 비에 젖고
폭풍이 몰아쳐도 오뚝이처럼 꿋꿋이 서서
겨울이면 함박눈도 흠뻑 맞는 나 홀로지만
쓸쓸한 도시 함께 지켜주는 우주 인생
그런 소박한 정읍 허수아비가 되고 싶어요

유월이 오면

유월이 오면
유별난 사람들 전설이 번진다

내장산
입암산
방장산
삼대 명산 태곳적 정기를 잉태한 복분자
사내는 바윗돌에 호수를 파는 석공이 되고
아낙네 밤샘 흥겨워 술래잡기를 해댄다

중국 진시황 전설에 취해 까무러치고
백제 쾌남아 기치창검 드높이 세우니
낙화암 삼천 꽃송이 아름답게 사랑을 피웠다

장 보러 가는 누렁이 발걸음도 사뿐사뿐
달구지 두 바퀴처럼 여든 바지춤이 생기롭다
디딜방아는 밤마다 벼락을 때리듯 흥겨움 넘친다

농부는 밥이다

칠흑 같은 밤 광야曠野가 너무나 고요하다
광란의 전야제인가

불과 몇 시간 후 광풍 폭우가 나의 정읍을
송두리째 삼켜버릴 속보가 터졌다
야행성 물 폭탄!
310km. 바람 바람 바람!
미탁 태풍의 핵이 바로 문제다
그 음험한 심계가 정읍 농심農心을 죄다 째려본다

무분별 난개발. 육지와 바다에 넘쳐나는
온갖 산업 폐기물 투기. 만년 빙설이 녹아내리고
그 왜놈 섬나라는 동화 속 해저왕국이 될 거다
비인륜적 환경 파괴, 다 자업자득이다
오늘 지구는 큰 중병을 앓고 우리 인간들은
자연의 신神에게 경고 메시지를 받고 있다
우리의 푸른 별……

효란 무엇일까

사월 화창한 어느 봄날
할미꽃 한 송이
해 멀건 미소 피우며 쑥스러운 듯
망부석 앞 다소곳 고개 숙이고
끝없는 회상에 젖어있다

아, 그 할미꽃
어머니의 분신인가 보다
아버지의 영혼이신가 보다
행여 찾아온 친구분인가

언제인가
나 죽으면 여기 무덤가
아들 꽃으로 피어나 효도하고 싶다

엄마의 노적봉

지난 밤 꿈속으로 엄마와 아부지가 들어오셨다
방안에 밥상이 차려졌는데 너무나 초라하다
김치 한 사발에 생채지, 동 김치, 진 된장국뿐
평소에 좋아하신 비린내 풍기는 생선 한 토막 없다
하다못해 황송어리 젓갈도 없다 마당에 나와 보니
그녀가 장독대 귀퉁이 쭈그리고 앉아 눈물을 훔치고
있는데 금방 장독대에 치성을 드린 흔적이 남아있다
돌아가신 지 10년 세월 한해 서너 번 다녀가시곤 하셨다
나도 뜨거워지는 눈시울에 가슴을 쾅쾅 내리치며
맥 없는 싸리 대문을 발길질해댔다

누가 세월을 번갯불에 콩 볶아 먹는다 하였는가?
농민들 쌀값은 올랐다지만 도시인과 격차 여전하다
울적한 마음에 탁주 마실할까 마당으로 나왔다
보름달이 수양버들처럼 머리 푼 걸 보니 추석인갑다
이것이 뭔 난리디아!
마당에 웬 쌀가마니가 보름달을 떠받고 쌓여있다
나는 질그릇 깨듯 소리쳤다 자기야! 빨랑 나와 봐
고려청자가 허겁지겁 맨발로 뛰쳐나왔다
청자 눈알이 말캉 밑에 사는 복두꺼비 마냥 툭 불거졌다

오매야! 이것이 꿈이 디야 생시 디야!
나는 달덩이처럼 환한 고려청자의 방댕이를
그녀는 나의 등허리를 번갈아 꼬집었다
청자 왈, 안 아프다 개꿈이다 에이!
아야! 난 아프다 개꿈 아니다
나 한 번 더 꼬집어줘 개꿈이라도 좋다

아부지와 엄마가 소문도 없이 댕겨갔네
나는 옛적 매 맞을 때처럼 바짓가랑이 걷어 올렸다
그녀도 치마폭 치켜들고 나란히 줄을 섰다
나는 부모님을 홀대했으니 디지게 맞아도 싸다
엄마, 그날처럼 종아리가 터지도록 벌을 주세요
이 불효를 어찌……
엄마가 노적봉을 쌓아놓고 가신 지 5~6년 세월이 흘러갔다
낼이 우리들 설날이다
넷째 며느리가 음식을 푸짐하게 장만했다
남들이 김 시인은 부자란다
엄마와 아부지가 보름달을 타고 환하게 웃으신다

정든 집

어린 시절부터 꿈과 희망의 열정을
사랑으로 보듬어준 정든 집
총알 탄 열차에 밀려 새날을 준비하고 있다

포클레인 텐10 샛바람 타고 살포시 앞마당에
내려앉아 거창한 팔뚝 휙휙 내저으니, 울 엄마
열여섯 함께 시집온 간장, 고추장, 된장 항아리
4월 털게 속살 터지듯 봄날 향기에 묻어났다

울 아부지 불타는 혈기 부글부글 끓지만
이 빠진 쇠스랑 목 끊어진 삽과 괭이
달아빠진 호미 찌그러진 양은솥 이빨 빠진 톱과 연장통
당신의 지게 바작에 주섬주섬 챙겨 짊어지고
진한 세월의 고독이 베어온 龍 檀紀 4335년 10月 午時 上樑
부러진 석가래, 엄마표 부지깽이 발끝으로 지그시 누르며
붉은 눈물 바람으로 돌아섰다

수년 후, 총알 탄 고속열차
아부지의 심장을 꿰뚫고 지나갔다 나는 오늘도
꼭두 새벽녘 아부지의 별을 총총 세고 있다

내 그녀는 산타다

내 그녀는 동짓달 스무이튿날
피난골 등마루에서 불어오는
바람의 날개를 떼어다 양어깨에 달았다

눈보라 치는 새벽 11시 50분 칼바람 속
자전거로 외줄 발자국 새기며
동지 달빛 속에 사랑과 행복 데불고
보천교 태극문을 지나 종로 네거리
각세종 터에서 수백만 영혼과 따스한
눈빛을 주고받더니 삶의 일터로 향했다

달그락 뚝딱 달그락 뚝딱 심야 베틀 소리
북채가 1초에 다섯 번이나 우주를 종횡무진일 때
하얀 명주베 위에 봉황이 살포시 내려앉았다
온 가족 사랑과 행복을 안겨주는 내 그녀는 산타다

종로길_ 1930년대 지명

돈에 독이 오른 여자들

우리 집 건너편 하우스 작물 하는 팽팽한 사십 줄
꽃 여자, 돈에 독이 오른 상큼한 아줌마가 틀림없다
애들 사교육비 왕창 들어가지 농사는 남는 것 없지
삼십 수도 넘나드는 하우스 달덩이 같은 수박 키워내야
포도시 품삯 챙기지만 끙짜 한번 티 내지 않았다

요사이 속 깊은 내 아내까지 닮아간다고 억척빼기
두 젊은 여자 소문이 동네방네 자자하다

늦은 밤 세상살이가 진저리치게 팍팍하다고
도마 위에 너부러진 군상들 아줌마가 할퀴고 있다
선거철이라고 떠들어, 어라 송사리도 제철이래
알지도 못하면서 쳇, 미꾸라지도 꿍꿍이가 있었네

아줌마 몹시 뿔난 듯 겉옷을 훌렁 벗어 던졌다
매미 날개 투시로 두 알의 앵두가 춤사위 한다
최가라는 여자 수천억을 떡 주무르듯 했다고, 흥
뭇 정치인들 조몰락거리며 아방궁에 살았다고, 흥
살짝 베어 문 입술에 된서리가 피워 올랐다
쌍심지를 켜자 드디어 돈의 독기를 물었다

神이 버린 자식의 땅

晩夏
雲石의 땅에서 비를 구경한 지 백일이 넘어갔다
30년을 마른 적 없던 텃논배미, 수렁 속 송사리와
미꾸라지의 천국 그들은 떼죽음 당해 미라가 되었다
십리 안팎 옥토도 울산 구갑석龜甲石 마냥 등짝이
쩍쩍 갈아져 이미 황폐해 버렸다

인심은 천심이라고 풀잎들도 피폐해져 갔다
수년 전 나는 神을 모독하는 글을 기고한 적이 있었다
"내가 믿고 있는 神은 영특하지 못하였다"
그 歷史 때문. 나를 모른 척하실까?
여태 바벨탑의 분노를 잊지 못하였나 설마

이름 석 자도 잘 알려지지 않은 삼류작가에
한갓 졸 시인의 책망이 그리도 신경 쓰이시나요
神은 오직 묵묵부답할 뿐이다
神의 묵시록인가
神이시여, 雲石을 핍박하시고
人民의 황폐한 농토에 축복을……

*2008년 8월 7일 입추에 즈음하여

바람의 전설

입암산 삿갓 바위 너머에 바람의 전설이 살아있다
장성호에 잠든 태풍 매미의 혼불인가
5월이면 꼭 바람의 전설이 돌아온다

하얀 복분자 꽃봉오리 눈부시게 활짝 터트려놓고
갈재 고개에 사는 꿀 따라기 벌 몰려와
토실토실한 알갱이 만들어 놓으면 5월 그믐
월례행사 바람의 반항아 복분자 통째로 휘감아
갈바람에 머리카락 헤집듯 입암산 등마루로
훨훨 감아올렸다

어메야! 하늘이시여라
어메야! 내 서방님이시여라
그녀는 땅을 치고 하늘을 찼다
이미 폐허가 되어버린 복분자 삿갓 바위 넘어온
잔혹한 전설에 그녀의 등골에 삶의 고뇌만 빼곡히 쌓여갔다

내 고향 피난골

4월 따사로운 햇살 아래
뭉게구름 몇 조각
비룡산 등마루 왕솔 나무 걸려 헐떡이다가
원챙이 호수로 두둥실 흘러갔다

피난골 제각 오르는 길가
연분홍 진달래 듬성듬성 흐드러지고
봄 흐르는 소리 쫄쫄쫄
계곡 물가에 즐비한 샛노란 개나리꽃
숫처녀들
갓 부풀어 오른
두 유방처럼
화사하고 탐스럽다

*제각(祭閣)_ 무덤 근처에 제청(祭廳)으로 쓰려고 지은 집.

내 귀여운 손녀 수정이

내 손녀 수정이가 할아버지와 할머니 그리고
아빠와 엄마의 염원과 축복 속에 태어났다

수정이가 태어나던 그날 정원에는 벌 나비
날아들고 예쁜 새들이 축가를 불러주었지
또 산실 화병의 모란꽃이 향기 품어
너를 포근하게 감싸주었단다

그 일이 바로 엊그제 같더니만
지난 휴일엔 할아버지와 할머니 품에 안겨
꽃 재롱도 피우고
금 씨알 같은 볼 뽀뽀도 해주고
거기에 귀티 나게 배꼽 인사까지

아- 귀여운 내 꽃 강아지 봐라
너무 예뻐서 황홀하다 무럭무럭 자라
수정처럼 맑은 보석으로 태어나다오

2부

폭풍의 언덕

거룩한 사랑

공황(恐慌)의 계절에 즈음하여

꿀 먹은 벙어리가 되자

도둑들이 모여 사는 동네

비망록 연가

비통

사랑으로 감싸고 싶어라

삼세번 죽었을지라도 다시

아주 특별한 열쇠

아주 특별한 잠금쇠

칼바람

판도라의 시나리오

팔만대장경

폭풍의 언덕

하늘 자화상

따로 국밥이 좋은 날도 있다

허무와 허상

뜬구름 1

新 정읍사

거룩한 사랑

팔월 첫째 토요일 이른 아침부터 천지가 시커멓게
뒤집어지더니 연 사나흘 하늘이 뻥 뚫리고 물 폭탄을
퍼붓자 연원리 제방이 터지면 다 죽는다고
동네 사람들이 방방 거리고
도깨비불이 번득번득 산천초목을 휘갈기자
노인들 몇몇은 천지개벽을 한다고 번갯불에
콩 두어 바가지 볶아들고 피난골 제각으로
부랴부랴 오르자 삽살개랑 뒤따르는 사람이 줄을 섰다

대흥리 고속전철 공사하는 다리 밑 냇갈
삼십여 도 불볕 아래 물고기들 반란이 시작되었다
읍내에서까지 시오리를 올라온 수많은 물고기들
청옥수가 붉게 물든 오염된 물속에서 어찌 살라꼬
허공에 진한 삶을 뻐금뻐금 거렸다

노익장 잉어 펄쩍 허공 날아 신작로에 모로 누웠다
자라 메기 붕어 뱀장어 엉금엉금 기어올랐다
삶을 초월한 말간 눈동자엔 서글픔이 대롱거렸다
백 년 천 년의 후대를 위하여!
아름답고 거룩한 사랑이어라!
밤이 다 하도록 진등길 콘크리트 다리 위엔
소망의 붉은 꽃이 애절하게 피어났다

공황恐慌의 계절에 즈음하여

꿈을 먹고 꿈을 꿔대는 수백 혹은 수천
정치판 멀대들이여!
그대들은
공황의 계절을 아는가 모르는가

라면 가락 쑥쑥 뽑아내듯
혀 꼬아진 언변의 마술사들이여
주류와 비주류, 우월주의자 그뿐이랴!

그곳은 왜곡을 밥 먹듯
부왕 뻥튀기 시장통인가
시방도 국민들 앞에 진실 혹은 거짓,
선거 통 새빨간 거짓말 통인가
서곡의 잔상들뿐이군!

오늘 풀잎들은 탁주 한 사발에 취해
또 한바탕 피를 토한다

꿀 먹은 벙어리가 되자

일천구백칠십구 년 동짓달 초이레 혼탁한 세상
마른번개가 산천초목을 자시까지 때리더니
사신死神이 온다는 새벽녘 겨울비가 측은히도 내렸다
어떤 권좌가 망부석 앞에 통곡했다

서편 하늘 저편에서 염라국 사신 두 명이
세 필의 백마가 이끄는 황금 수레에 앉아 호령을 했다
뉘 아무개야~ 아무개야~
너의 목숨은 네 것이 아니다
삭막한 도시가 숨을 멈추었다

입은 있어도 말을 못 하고
말을 해도 반기니 없어라
하늘은 있어도 오를 곳 없소
풍진 세상 숨 쉴 곳조차 없어라

동짓달 초이레
마른번개가 산천초목을 때리더니
사신死神이 온다는 겨울비가 측은히도 내렸다
운명을 타는 장송곡 비파 소리가 들려온다
휘몰아치는 창파蒼波 사공 없는 나룻배를
선비 홀로 저어가네

*시작 노트_ 혼탁한 세상, 우리들은 꿀 먹은 벙어리가 되어야만 했다(1979년 11월).

도둑들이 모여 사는 동네

야트막한 산등성이가 도둑떼 천국이다
도둑들을 보자 무르팍이 먼저 흥분하기 시작했다
이미 세상 사람들이 다 아는 무적자들은 풀잎들
피땀 뜯어다 속 창시 개기름 덕지덕지 찌우고
제 밥값도 못하면서 티브이TV에 나와 목대 힘주고
개폼 잡는 정치 언변술사들

이 도둑은 음지나 양지를 가리지 않고 우어니
달려들어 Me Too를 일삼는 곤조가 있다
무적자들의 천국은 철두철미 점조직, 요지부동이다
도둑들이 모여 사는 곳, 우슬 뿌리가 있다
옛날 옛적 무자비로 이백 년을 먹어치운 사람은
하루 천 리를 달리는 축지법을 썼다
관운장 적토마다

우슬 뿌리에 가시오가피, 적화수오, 엄나무, 장로 뿌리,
늙은 방석 호박, 진달래끌텅, 상황버섯, 하루 푹 고아
새 밥을 해서 넣고 삭힌 약 식혜가 축지자의 사조
이 도적들은 무자비로 먹어 치운대

*우어니_ 여러 사람
*축지자_ 축지법을 쓰는 사람

비망록 연가

어떤 者가
삶을 함부로 학대하려 덤비는가
나나 지나 고향 가는 인생 뭘 두려워하는가

어떤 者가
젊음을 탕진하며 괴성을 지르는가
부귀와 영화는 조상 대대손손 이어진다는 것
운명의 굴레, 하늘에서 쇠사슬로 내려온다

어떤 者가
세월을 유수에 비유하는가
우리
망각의 다리 밑 꿈꾸는 나그네일 뿐

어떤 者가
승리의 올리브 관을 머리 위에 썼느냐
돈 명예 권력 도시 뭐란 말이냐?

어떤 者가
우리의 생명을 실험대 위에 올려놓으려 하느냐
인간의 육신은 자연의 원소다

온갖 거짓 위증과 배신과 살인 공포 증오심
가엾은 108번뇌 전우들이여
철파가 되어라

*철파_ 철학하는 사람

*1979년 2월 20일

비통

내 삶에 드리운 절망을
아라비아 양탄자에 둘둘 말아
우주 어느 행성으로 날려버린다면
나의 참 벗, 추상의 언저리로
포차에서 진한 슬픔을 석 달 열흘쯤 마시리라

시집 안 팔리는 시대적 시인의 유체이탈
경제가 똥인 걸, 정서마저 메말라 누굴 탓하랴
젊은 세대 사랑과 행복마저도 공수래공수거
인종의 물결 썰물처럼 밀려왔다 언젠가 가노라
우리 참회의 시간은 12월 귀퉁이로 달려오고 있다

오늘이 과거로 묻혀가는 신작로
내일의 미래를 송두리째 먹어치울
욕망의 나래, 절망에도 꿈틀거렸다
새벽꿈 깨어 묵상의 이슬 마시며
새날을 그리워하는 청춘의 바벨탑들이여!

사랑으로 감싸고 싶어라

어언 육십 성상
한라에서 천지까지 금강산 일만이천 봉
골골에 목 터지게 불렀건만
혈육의 정 38선에 덩그렁 메달아 놓았다

공존과 평화
힘겹고 서럽도록 견디어 왔는데
깨어졌구나
또 깨어졌어라

파괴와 저주 이제는 핵무기 협박
조국의 생명, 온 인류의 척도까지
우리는 불신하는 악마에 쫓기어
천국의 문을 두드려야만 했다

금요일 악마가 미소로 유혹하는 그날
정맥의 피는 실험실에서 타들어 가듯
여태 부모 형제의 모정에 모래성을 쌓았구나
아! 분단의 서러움
나는 사랑으로 감싸고 싶어라

*2010년 庚寅년 새해 아침에

삼세번 죽었을지라도 다시

일천구백칠십오 년 섣달 새벽 2시 용마산 달동네
천막촌에 피어난 화마가 새벽하늘을 화려하게 수놓았다

내 청춘의 피날레 혼, 詩作이 활활 타오른다
내 영혼이 화마 속에서 절명을 내질렀다
나는 죽소, 내가 죽소
나와 네가 죄다 타 죽으이

현세에 못다 필 혼탁한 시詩여!
이토록 어지러운 세상에서 혼탁하게 써진
내 필혼이여!
어쩌다 암울한 시대 태어난 나의 갑甲 시詩여!
너와 난 불운의 동행자일 뿐이다

한번은 절망의 늪에서 허우적거리며 죽음 따라 한강 갔고
또 한번은 학식에 굶주려 광나루 나루터엘 갔고
자아 운명에게 버림을 받고 배신을 당하고
하늘에서 쇠줄 타고 내려온 비굴한 내 굴레여
옭아매지 말라, 차라리 불살라
그 흔적조차 지워라

이토록 혼탁한 세상에서
죽도록 써진 내 필혼이여
너랑 나랑 죽어버리자

*1975년 12월 면목동 판자촌에서

아주 특별한 열쇠

꿈에 부푼 254 얼음 사슬에 묶인 채
검은 바다에 수장된 우리의 아들 딸
산야를 떠도는 슬픈 꽃잎이 되었다

진실을 닮은 뉘앙스가 색안경을 쓰고
세상을 죄다 베어 먹으려고 꽃잎을
발가벗긴 채 배신을 삼켜내고 있다
으하하하 꼭두각시놀음이다
이 땅의 붉은 악마들이여
승리의 깃발을 높이 들어라
촛불이여!
세월호의 상자를 열어라
오늘
태양의 성전 입암산 삿갓 바위 만구 위에서
졸 시인은 그들과 바다에 묻힌 진실을 꼭 보리라
배신의 계절
북악산 기슭에 가막새가 운다

*촛불 시위에 즈음하여(2015년 10월)

아주 특별한 잠금쇠

나는 이 세상에서
아주 특별한 잠금쇠를 갖고 싶어졌다
그들은 진실을 닮은 거짓을 시나브로 피우며
술에 물 탄 듯 갈잎처럼 흐르는 픽션은
온 세상을 우롱하고 끝장으로 향했다

그들은 눈에 보이지도 않는 궁전에 묻혀
붙잡을 수 없도록 신비한 존재이지만
그 비밀의 방房
아주 특별한 잠금쇠 4차원에서 공수해 와
송두리째 잠가버리고 싶어졌다

오늘 풀잎 설음이 춤사위 하는
오천만 희망찬 촛불 아래
찬란한 태양이 피어올랐다

온 세상 분노의 마음을 꿈과 희망과 사랑
가득 채울 수 있는 미래의 소박한 파랑새는
그 누구일까

*2014년 12월

칼바람

그 무엇을
우리들의 숙명으로 정할거나
생명을 지니고 우정을 나눈 너와 나
그런 너는 위선자, 술주정뱅이 폭군
욕망 때문에 사랑과 진실을 외면하는 자
그런 너는 흑풍을 몰고 온 정신병자다
그러는 너는 세상을 파멸로 이끌어가는
이 시대 최고의 탕아
그런데 너는 나와 우정을 나누었지
나는 나는
네가 싫다
세상은 우리를 어떻게 볼까?

*1979년 10월 어떤 고백에서

판도라의 시나리오

그 주검의 철학 과연 권력자에 의한
비현실적 이데올로기냐
운명적 논리인가
억새 풀 속에 머리만 감춘 명예다

그곳은 흔적조차 남지 않을 검은 숲길이다
두 곳은 고독 자들로 가득 넘쳐났다
거기는 짜고 치는 고스톱판 성역이다
낮이건 밤이건
천국행 지옥 발 티켓을 예매하러 오는 사람이 북새통을 이루었다

그 뉘가 그 판에서 10억을 합리적이라 칭했나
비애인가
망각인가
추상인가
허무인가
더러운 곳인가
명예로운 곳인가

판도라의 상자 그 속은 원래 요지경 아닌가
인간 가분수 타락뿐이지

*1978년 10월 20일

팔만대장경

내 여기에 왔다
천년 묵은 향기 구주九州에 솟구쳐
내 여기에 왔다
나 너무 어려 어찌 당신 맞으랴
목 뺀 채 학이 되어버린 인고忍苦의 세월
그 인고의 세월을

당신을 가까이 하기엔 메아리도
새근거리는 이른 새벽녘
처마 끝 풍경소리뿐

해인사의 혼불은 일만봉一萬峰 아래
인류 모두의 영원한 모차르트다
활화산처럼 뜨겁게
천천만만세千千萬萬世 활활 피어라

*1987년 10월 해인사 산행에서

폭풍의 언덕

오늘은 누구를 위하여 삶을 연주해야 합니까?
손님 없는 플랫폼에 희미한 불빛 자지러지고
빈 벤치에 함박눈만 지지리 쌓여 가누나
얼음 빛 고독 시간은 지저地底의 왕국으로 묻혀가고
아스라이 지축을 흔들며 내일을 향해 달려오는
풀잎들의 함성이 있다

가만히 다가오너라
풀잎이 놀래 떨어질랴
세월은 빛살처럼 떠나갔다
폭풍의 언덕* 풀잎 사랑 파랑새
천년 거목* 휘감고 부스스 몸 떨다
시간은 혼돈으로 잠시 멈출 때도 있거늘
내 청춘은 앞만 보고 줄달음쳐왔다

야간 도시를 떠난 십이 열차가 고향 플랫폼에 들어섰다
한 해, 두 해, 10년, 꿈 보따리가 마구 쏟아져 내린다
나는 그들에게 들려줄 얘기가 참 많이도 있다

내일의 야망이 허물을 벗을 차례……

*폭풍의 언덕_ 시간의 끝자락

*천년 거목_ 존경하는 선생님

하늘 자화상

오늘 우리는
도저히 거역할 수 없는 어떤 운명 앞에
굴복 당할지 또한 장담할 수가 없다

오늘 우리는
하늘 천사가 되어야 할까
붉은 악마가 될까
나는 비와 바람의 풍운아 될까

오늘 우리들
의문의 상자가 열리고 있다
그 하늘의 욕망과 진실은 어디서 시작되었지
새빨간 추락의 끝, 빤히도 보인다

오늘
비룡산 자락 어느 시인은
자신들의 운명을 하늘 귀퉁이에
대롱대롱 매달아 놓고 타락과 오만으로
죽어가는 슬픈
그들의 참 모습을 노래하는데……

*2017년 2월 25일

따로 국밥이 좋은 날도 있다

지난해 섣달그믐 싸락눈이 징그럽게 퍼부었다
피난골 자락에서
눈물 바람을 하며 6호선으로 갈아탔다
그날이 바로 엊그제 같은데
낼 모래 7호선 예약을……
세월이 총알을 초쳐 먹었나

장마 통 사통 팔방 삭신이 쑤셔온다
비만 오면 매칼없이
몸 따로 마음 따로다

나는 비 오는 날이면 단골 찻집에서
여류 지인들과 쌍화차 정담을 나눈다
따로 국밥이 참 좋은 때도 있다
나에게 따로는 시로 피어난다

허무와 허상

내 삶에 허무여
그 뉘가
이토록 잔혹한 질투를
지지리도 퍼붓고 있단 말인가
영혼을 둘둘 말아가는
숙명적 악마인가

백정의 발광인 양
태양을 채찍질하는 나 자신인가
나는 정녕 문체文體의 혁명가인가

오늘도 마파람 속
고독의 비애를
송두리째 마신다

뜬구름 1

그대는 무엇을 원하느냐
황금을 주어도 대답이 없고
명예를 바쳐도 메아리뿐이네

오호라
너는 충성된 자요
나는 역천자로다

그러는 너는 술에 물을 타고
피를 술처럼 마셔버리는 자
너는 어찌 충신이요
나는 반역인가

한 방죽
붕어 새끼와 미꾸라지에 불과하거늘
노래를 부르려거든 가창을 하여라
배때기가 달라붙고 목 세면 그치리라
너라고 용 되어 하늘에 오를 줄 알았더냐

*1979년 11월 22일 욕망이라는 전차에서

新 정읍사

내장산 바람 모퉁이
휘감고 돌아

운치 넘나는 정읍 천변
억새풀 고샅길로

부푼 꿈과 희망
사랑 가득 안고 오시는
내 임의 향기가
설레임 가슴을
톡톡 치는 까치 설날

나는야 사뿐사뿐
임 마중 갑니다

3부

겨울 나그네

겨울 나그네

공황(恐慌)

그 쓸쓸함에 대하여

그림자

기도

나도 신선이오

내 인생의 프로필

노란 리본

욕망의 세계에 사는 사람들

어느 탕녀의 이야기

자화상 2

자화상 3

청춘

첫사랑

탈

청계천의 四季

太陽의 帝國 1

겨울 나그네

거리 거리엔 비 가득
내 마음에는 눈물
나는 오늘도
밭 끝에 묻어나는
그 길을 가누나

먼 태곳적부터
반란과 폭정이
무수히 스쳐간
무한대 신작로길

겨울 나그네 오늘도
사랑 흔적 뿌리며 가고 있다

공황恐慌

몇몇 정치꾼들 오늘도 국민들 우롱하고 있지요
당신하고 당신 그리고 거기 줄을 선 당신까지도
언변의 잔해 독설은 빈 깡통 터지는 요란스러움뿐
밥그릇 챙기려고 직분의 양심은 전당포에 말아먹었다

꿈을 먹던 태양의 후예들 다 어디로 갔을까
공황의 도시 광화문 한복판에서
시민들은 양파 껍질을 벗겨가고 있다

우렁차게 들려오는 시민들의 함성과
만경창파 저 풀잎들의 외침을 보라
민주화를 부르짖는 꺼질 줄 모르는 촛불
분명코 차이코프스키 비창 3악장이다
저 들녘에 가막새가 넋을 놓고 울지 않느냐
어제의 풀잎들은 돌부처지만, 큰 북을 친다
오늘은……

그 쓸쓸함에 대하여

삭막한 도시 그
겨울의 잔해는
건반을 두드리듯
여의도 바람에 실려 온
정가政街의 빈 깡통 터지는 비명소리
거리에 버려진 고양이의 처절한 삶의 몸부림은
어찌 무게로 환산하랴
시인, 국회를 일필휘지로 베어간다

*거리에 버려진 고양이_ 노숙자

그림자

먼발치 나의 임들이
그 자리에 그냥 있어만 준다 해도
나 지금
내 모습
그대로가 참 좋아요

어제와 오늘
머나먼 여정까지
그대와 나 진솔한 우정으로 남길
그림자만이라도 허락해 준다면
내 지친 삶은 하루하루가
하냥 꽃길을 걷는 행복일 것입니다

*하냥_ '늘'의 방언

기도

나는 언제까지라도
그댈 기다릴래요

그 세월이 십 년이 가고
또 십 년이 여러 번 흘러
강산이 수없이 바뀌어져
내 영혼이 닳고 닳아
명주실처럼 가느다란 혼불이
한 점 남아있을 그날까지

이 세상 온갖 유혹이 나를
슬픔과 절망에 빠뜨려
힘들게 할지라도 그때마다
그댈 위해 기도드릴래요

보름달처럼 환하게 미소 지으며
그대 똠방똠방
오시는 길 인도해주는
밤하늘 별이 될래요

나도 신선이오

세상사 온갖 시름 잊고
탐욕의 덩어리 백팔번뇌
털털털 털어버리자

내가 사랑하는 사람들이여
나를 좋아하는 사람들이여
우리들 마음과 마음이 절로 통하니
정, 물 흐르듯 넘실넘실하오

아- 회포, 그날이 오면
입암산 삿갓 바위 만구萬口 위에
빵 하니 둘러앉아
지위고하 훌렁 털어버리고
오! 아름다운 사람들이여

풀잎 시름 향기 그윽한 복분자 한 잔 술에
서로를 벗하니 성현 군자가 따로 없소
축배의 잔을 들라
우화등선羽化登仙이오
오늘 신선뿐이다

내 인생의 프로필

두 대의 흑백영사기 내 생애가 날밤 까고 꼬리에 꼬리를 물었다
지난밤 새벽 2시까지 악착같이 물고 늘어지더니 오늘은 더 길어졌다
5년, 10년, 아예 50년 꼬랑지를 덥석 물었다
중학 시절 친구 순이 홍옥 과수원에 6명이 서리를 몽땅 해왔다
다음날 여중생 암고양이 화난 얼굴이 매우 귀엽고 미안했다

75년 금곡 예비군 훈련장에서 장발 단속하던 날
콧수염에 장발, 예술가라고 우기며 삭발을 안 했다
훈련 내내 홍콩 스타, 예술가라고 소문이 자자했다
다음해 봄, 진짜 영화배우 시험에 합격했다
6개월 연수비, 돈 땜 시 안 갔지만 200만
소설에 흠뻑 빠져, 근사하게 핑계를 댔다 사실이지만
어제 서울 여친한테서 메시지기 왔다, 보고 싶단다
3월, 광주 5.18 학생회관에서 수석 전시회 날을 잡았다
그 또 걱정이 앞선다

새벽 2시가 넘어 간다, 바로 오늘이 구정이다
아마도 새벽 3시쯤, 머릿속을 비워보자
한갓 미물이 블랙홀 속으로 빨려간다

누가 1에서 100까지 세면 잠이 온댔다
안 온다. 다시 해봐, 너무 쉬워서. 지가, 천을 거꾸로 세.
구백구십구 구백구십팔 팔백팔십칠 육 오
아- 아, 헷갈려. 지옥의 나락으로 끝없이 추락한다
침대 위 두 대의 흑백영사기가 날밤 까고

*2019년 2월 5일 피난골에서 새해 아침

노란 리본

우리들은 알고 있지요
우리들은 기억하고 있어요
우리들은 그날을 잊을 수가 없어요
4년 전 바로 오늘이 운명의 그날임을 어찌 잊겠어요

왜? 뭇사람들은
그날의 진실을 숨기려 들까요

우리들은 두고두고 기억하고 있을래요
조국의 꽃들이 절박한 기로에서
생명의 텔레파시를 방방곡곡에 띄우던
바로 그 시각
구중궁궐에서는 무엇을 하고 있었는지도 알고 있어요

봄이 오면 개나리는 꽃을 피우고 향기를 풍기지요
어언 4년을 기다려도 피어나지 않은 꽃
우리들은 정말 알아요
피눈물을 흘리고 땅을 치고 통곡해도
조국의 아들딸 돌아올 수 없는 강을 건넜다는 것을

우리들은 영원토록 기억하고 있을 거예요
그날의 진실을……

*2018년 4월 16일

욕망의 세계에 사는 사람들

영광된 者와 비굴한 者 십억을 삥땅 먹은 者와
죽음의 굴레를 뒤집어 쓴 사람들
어제는 양주로 흥을 맞추더니
오늘은 통곡을 하고 헤어져야 할 숙명 꾼들

나누어지려거든 나눠지자
너도 나누어지고 나도 나누어지고
너라고 웃고 나라고 울까
너 웃으면 나도 웃고
나 죽으면 너도 죽어보아라

그 구멍이 그렇게도 좋든가
들여다보려거든 들여다보아라
푹 쑤셔 보려거든 쑤셔나 보아라
못 먹는 떡 찔러도 보시어라

피가 되고 살이 되고 물이 되고
어쩌다 꿍꿍이 너는 그 떡을 받아먹고
흥얼흥얼

*1979년 12월 5일, 권력 이야기

어느 탕녀의 이야기

나는 수렁의 늪에서 비릿한 웃음을 파는 소녀랍니다
그 속에 사는 여자들은 숙명이 팔자려니 여겼지요
남들처럼 대학을 다니고 공주처럼 사랑을 받는
오롯한 행복이란 희망의 그림자뿐이었습니다
나는 다른 한편으로 꿈을 갈망하는 소녀입니다

우리들은 서로 결투도 일삼았습니다
마구 할퀴며 때로는 피도 뿌렸습니다
수렁 속은 낮과 밤이 존재하지 않은 전쟁터였다
그 속에 사는 여자들은 어둠을 좋아했다
자신의 모습을 감출 수 있기 때문입니다
그러나 어둠 속도 야차들이 허락하지 않았습니다
그곳은 아무나 침범할 수 없고 헤어나기 힘든
깊은 수렁이기 때문입니다

동짓달 진눈깨비가 측은하게도 내리던 밤
어느 한순간 늪 속에 전쟁이 터졌다
야차들이 불을 켜고 판을 치기 시작했다
몇 송이 장미꽃이 피도 뿌렸습니다
너는 새벽녘 아슬하게 홀로 막차를 탔다
탈출 25시……

*1976년 12월 30일 어느 창녀의 고백에서

자화상 2

밤의 정령이 헐떡거리며
고독의 징검다리 건너왔다

세월의 갈피 속에
태양 같은 열정
피 터져 오르고

땅속에 잉태한 숭고한 씨앗은
봄 오면 움터 오르지만
내 열망의 씨앗은 어언 40여 년
언제나 꽃봉오리 터뜨릴까

내일 사랑을 하기에 우- 슬픈 내 모습
고함을 쳐 본다
청춘이여!

자화상 3
- 혁명의 용사들이여

나는 어느 행성에서 온 분신인가
大地의 품에 안겨
내 인생 마지막 불꽃 피워본다

나의 詩心은 돌 속에도 꽃을 피웠노라
나의 시심은 저 우주에도 꽃을 피웠노라
나의 시심은 각박한 도시인에게도 꽃을 피웠노라
나의 시심은 어김없이 아부지의 땅에도 꽃을 피웠노라
文體의 용사들이여
오늘 밤 시 쓰기는 내 혁명의 밤이다
시심의 칼날을 세워라
도대체 내 심장을 절이는 哲理는 무어냐

고여 든 빗물에 내 모습 담아본다
아- 세월의 잔상뿐이네
가을비에 육신 녹아 회상이 젖어드누나
文體의 용사들이여!
시 쓰기는 오직 내 혁명의 밤이다

청춘

열아홉 청춘 순수의 꽃불이
시도 때도 없이 솟구쳐 오르다

일백오십 도 심연深淵의 계곡에서
육전대陸戰隊처럼 기치창검 드높이 세우고
열혈남아의 분신 수억의 용사들이여
저 고요의 바다를 향하여 돌진하라

단내 풍기는 생가슴을
활 끝에 매달아
애살스럽도록 지그시 눈을 감고
뜨거운 불꽃 퐁퐁 풍기며
고독한 시인의 꼬리표를
화려하게 흔들어라 그리고
칠팔월 주룩비처럼 마구 퍼부어라
열릴 것이니라

첫사랑

십자거리 느티나무 아래서 까금살이 하던 어린 시절
그윽한 눈빛 속에 하늘 땅 걸고
우리는 신랑신부, 맹세한 꼬마 색시가 있었다

반세기가 덧없이 훌쩍 가버린 어제
첫사랑 정자나무 거리에서
우연히도 꼬마 색시를 만났다

50년 만의 해후
그윽한 눈가의 영롱한 구슬은 재회의 기쁨
한편으로 망울진 눈가 이슬방울은
그녀의 미未 풍진 삶이었다

이윽고 네 갈래 길에서
고목된 느티나무를 바라보는 꼬마 색시의
빛바랜 창, 봉숭아꽃으로 연지곤지 찍어 바른
신랑신부가 파노라마 되어 스쳐갔다
아, 벌써 50년이나…… 볼이 붉어졌다
사랑과 이별의 애틋함이어라

탈

바람이 분다
운명의 회오리바람이 서럽고 슬픈 삶 갈고닦아
12월 마지막, 귀퉁이를 슬어 안는다

오늘도 배신자들은
위선의 탈 죄악의 탈 그리고 벌의 탈
해 저문 비밀의 방에 모조리 묻어놓고
식탁 위 부황 든 욕망 다시 준비한다, 새날을

오늘도 풀잎들은
시린 손끝으로 모진 삭풍이 할퀴고 간
심장 살갑게 다독이며
지나온 365일 삶 헤아려본다

온갖 서러움 속에 말 죽이고 귀벙어리로 각박했던 삶
서른세 번째 종소리가 그들의 마지막 탈을 벗겨간다
내일은 해가 뜰까

*1975년 12월 31일 용마산 골방에서

청계천의 四季

비가 오나 눈이 오나 청계천 세운상가 다리 위
연중무휴 진풍경이 벌어진다

속리산에서 30년 칩거했다는 꾀죄죄한 철학자가
단돈 오천 원에 사주팔자 속 시원히 풀어주었다
나와 여친의 운명을 천상천하 유아독존
찰떡궁합이라 예언해준 적이 있었다

똥구멍 빨간 원숭이가 고슴도치를 희롱하고
강원도 뱀 꾼은 화사, 살모사, 능사 푹 고아 먹으면
80 잠자는 거시기를 벌떡벌떡 세운다고 호언장담
50대와 여인네들은 히득히득 겹겹이 쌓여갔다

박포장기 푸는 길 나그네
열두 수 연거푸 장군 부르자
단 두 수의 멍군에 빅, 길 나그네
호주머니 털리고 고개만 갸우뚱
분명한데, 아쉬움이 남는 듯 갸우뚱
저만큼 가다가 또 갸우뚱 발걸음을 못 놓는다

내 인생길도 멍군 장군이 한두 번이던가
나도 문득 뒤돌아보는데
삼백육십오 일 하고 하루가 덧없이 흘러갔다

*1974년 12월 청계천 다리 위에서

太陽의 帝國 1

태고太古의 침묵이 용트림하는 화사火沙의 한 귀퉁이에
스물여덟 청춘을 아슬아슬하게 매달아본다

동서남북 고함을 뿌려보아도 돌아오는
메아리마저 재가 되는 불의 나라

베니스 비단장수가 낙타 품에 별을 세며
아라비아 공주를 연모하는 꿈을 꿔대는 밤
달빛 아래 마법사 공주가 코브라와 훌라춤을 춘다

행복을 찾아 나선 조국의 젊은이들
뽀얀 회오리에 언뜻 스치는 얼굴, 얼굴들
고국의 향수병인가
열사의 신기루인가
코브라와 구슬픈 피리 소리만
새벽이슬로 피어난다

*1981년 5월 사우디아라비아 메디나 현장에서

—

4부

—

고독, 그 여정의 끝

—

질투

내 고독은 참 바쁘다

비수의 잔

나는 천국을 베어냈다

고독은 맹물 같은 벗

공허(空虛)

나는 들꽃처럼 살고파

행복의 노래

고독, 그 여정의 끝

불효자의 후회

꿍꿍이가 있는 날

사랑과 이별

비상

황산에 올라

질투

-고독 4

이 밤이 다 허물어지기 전에
명명조차 불분명한 고독의 잔해
잠재울 수 없을까

내장산 대웅전 부처님 뜰
애기단풍 이파리 알알이 물드는 밤이면
몽실몽실 피어나는 시심의 향연
밤 피워 미친 듯 시를 써버릴까

어떤 멋진 시를 써야 하나
화이트홀에 빠진 지구 판타지
흙의 후예
고독 다섯 번 작품을 쓸까

언제인가
창가에 다가선 초승달 밉기만 한데
마루눈빛 뿌리고 달아났다

아, 잿빛 광야여
이 밤 나를 묻어다오

내 고독은 참 바쁘다

-고독 1

11월의 간지라운 햇살이 정념을 불사르는 이맘때
내장산 금련암 애기단풍 이파리가 정신없이
아롱아롱 물들어 가는 사색의 시간이다

내 고독이 낮에는 땅을 파 씨를 뿌리고
때로는 석우石友들과 산과 강, 바다로 탐석을 가고
주말에 수석 전시장, 문학 강의 그리고 밤 이슥토록
글을 쓰다 겨우 잠들면 판타지 게이트를 연다

나의 시심詩心은 천진난만하게 들떠
뒷산 피난골에서 골골에 흘러내려
신평리 냇갈로 정읍천으로 동진강에서
서해 바다로 서해에서 5대양 6대주 갈래갈래
나의 시상詩想은 멈추지 않는다
어디에다 이토록 무거운 짐 다 풀려고
지구가 공전을 다 하도록 쏘다닐까?
내 고독은 참 바쁘다

비수의 잔
-고독 2

내 영혼을 갉아가는 추상抽象의 세계여
오늘 비수의 잔*을 채워다오
나의 뇌세포는 화성서 온 퇴색바이러스에 감염되어
불의 눈물 적시운다

이 밤은
누구를 위함이오
이별은 또
누구의 시인가
블랙홀에서
내 영혼을 훔치려 드누나
밤이면 밤마다 판타지로
내 영혼을 떠나보내야 하는 서글픔

천국과 연옥煉獄의 웜 홀을 마냥 오가는 판타지여
45년 잠들었던 가련한 내 연민의 詩여
오늘 비수의 잔을 가득 채워라

*비수의 잔_ 시상의 날카롭고 예리한 전율과 순수한 서정의 아름다움으로 복합된 창작의 잔.

나는 천국을 베어냈다

-고독 3

나는 오늘도 내 마음의 뜰에 묻힐
천국을 덧없이 베어내고 있다

추억 깃든 천자의 성 고샅길을 걷는다
그날의 함성이 뼛속 깊이 젖어든다
이 길 첫 사랑마저 애처롭게 피어나는데 차마

방황의 원죄原題 나는 오늘도
저 우주의 떠돌이 성좌星座인가
이제 방황의 끝 45에 도래했다
붉은 잎새에다
비망록 시를 써 볼까
밤이 허물을 다 벗도록 눈물이
폭포수 되어 마냥 쏟아져 내린다
옥구슬이다

*천자의 성_ 보천교.

*고샅길_ 시골 마을의 좁은 골목길. 또는 골목 사이.

*45_ 詩作 45년.

고독은 맹물 같은 벗

-고독 5

고독은 나의 45년 지기知己이오
만하晩夏 암 매미 비창에 실려 떠났다
겨울비 연민의 시詩 피어나는 밤 불쑥 찾아오는
술에 물 탄 듯 맹물 같은 친구이오만
내 문학의 고적함 꽤 다정스럽게 적셔주는
참 벗이라오

귀뚜리 갈바람에 만삭된 달 홀연히 타고 와
시상의 뜰에 살포시 내려앉아
나와 술잔을 기울이며 밤도 재우더니
내 비수의 잔 채워놓고 동살 채 트기 전
홀연히 떠나갔습니다

나의 첫사랑 지기知己여 대엿새 뒤
토피와 다나가 남쪽 먼 바다에서
광풍 노도 몰고 오거든 다른 곳 새지 말고
이른 새날부터 밤이 다 피도록
내 복분자 주로 삶을 노래하고
시심詩心의 잔 가득 채우자
참 벗이여

*토피, 다나_ 태풍 이름

공허空虛
-고독 6

나는 섣달그믐 밤에 내리는 비가 무척 애처롭다
함지박 눈이나 펑펑 퍼부을 일이지 겨울비는 왜
고독을 몰고 와 내 사선지에 담을까?

상상화는 바람처럼
흔적 없는
공허를 잉태시키고
마음 바다 한 귀퉁이
채워지지 않는
술렁거리는 둠이
내 슬픈 기억들을 한 편씩
밤새워 슬어간다

나는 들꽃처럼 살고파

-고독 7

고독이 불침번으로 역습해 오는 고즈넉한 밤
나는 허무의 수레에 앉아 능청을 떨고
죽지 부러져 슬픔 빚는 파랑새가 되기는 싫다

바다 돌이 좋아 30년 전부터 비안도 뒤섬에 추락해
명화와 랑데부하기 위해 범바위 아래 자꾸 가지만
명석의 유혹에 넘어가 토끼처럼 쓸개를 저울질하며
내 청춘을 용궁에 받치기는 정말 싫다

복분자 고랑에 앉아 행복을 노래하고
풍성한 숲에서 살이나 덕찌우는 따위의 천하 백수
텃새도 더더욱 싫다

반세기 넘도록 아부지가 쓰시던 지게 지고
논두렁 밭두렁 걸으며
작대기로 지겟다리 두들기며 콧노래와 춤사위
흙의 노래 부르고 싶어라

행복의 노래

-고독 8

창 넘어 방장산 등마루에 함박눈이
밤새워가며 곱게 분단장을 마치고
이른 아침부터 예쁜 꽃송이는
뜰 앞 복분자 발가벗은 나목
살포시 내려앉아 고향의 노래 부른다

순아와 첫사랑이 눈안개에 젖고 젖어
미지의 세계가 클로즈업되고
회상이 거실 유리창에 화폭으로 멋지게
십장생을 그리기에 나는 거기에다
그리움, 최고로 멋진 시를 썼다

애간장이 절로절로 녹아 서근서근 목이 탄다
심장이 천리 밖으로 줄달음치자
꿈 나래 텃새 행복한 비상을 한다

고독, 그 여정의 끝

-고독 10

나는 오늘날까지
지구 행성 인사이드 판타지를 꿔대며 원초적으로
꿈속에서 짓눌리고 억압받고 학살을 당하며 강산이
네 번이나 바뀌도록 청춘의 심장은 숨 한 번
다독이지 못하고 은하계를 떠도는 풍진 성좌야 했다

뜰 앞 복분자 샛노랗게 아롱진 이파리 한 잎
내 동편 창가에 사뿐 내려앉아
홀로 서럽게도 밤을 지새우더니
동살 트기 전 갈바람 타고 먼 여행을 떠났다

찬연한 태양은 황야 한 들판에 햇살 피우고
나는 아부지의 땅에
흙과 풀잎들의 속삭임에 시심詩心을 불살랐다
어제도 그랬고 오늘과 내일, 죽는 그날까지
여태 것 궤짝 속에서 잠자던 때 구정 저린 시첩詩帖
어언 45 성상
그 허물을 벗겨야 할 순간이다
저 광활한 구주九州*에 발자국 꾹꾹 새기리라

*구주(九州)_ 삼국 통일 후, 신라는 행정 구획을 9개 구역으로 편제했다.

불효자의 후회

-고독 11

겨울비 내리는 새벽녘 홀연히 꿈속에 들었다 떠난
엄마 모습에 내 눈시울 마냥 뜨거워졌다

내 곁을 떠난 지 벌써 십여 년
애문 여섯 살 다 먹도록 젖꼭지 만지작거리며
꿈꾸던 포근했던 품속이 오늘따라 더욱 그립다

만산만야 겨울비 젖어 가는데
영혼의 동굴은 쓸쓸함 더욱 쌓이겠지

바로 그날 밤 어여 들어가서 자, 에미 걱정하지 말고
엄마 사랑해요- 입가에 맴돌고…… 낼은 꼭 해야지
마음을 다독이며 병실을 뒤로한 채 30여 분 가량
집 대문에 들어섰을 때 복실이가 보름달을 향해
애달프게 울어대자, 내 가슴이 왠지 철렁해졌다
엄마가……
그 순간 슬픈 비보가 꽂혀 왔다
그렇게…… 이별의 밤이 될 줄이야!
나는 진정 몰랐다, 몰랐다

저미는 가슴 부여잡고 죄인으로 살아온 십 년 세월
엄마 사랑했어요- 지금도요
고백 한다면……
그 사랑 받아 주실까?
가슴에 못이 박히네

꿍꿍이가 있는 날
-고독 14

밤새도록 함박눈 쌓이고 동살 떠오르는
이맘때 텃새 몇 마리 푸르르 날아와
집 앞 고속전철 난간에 쭉 걸터앉아
저마다 오늘 할 일 궁상을 떨곤 했다

풍각쟁이는 이제야 탱자나무 썰렁한 곳에
둥지 틀고 고독을 삼키고 있다
늦잠꾸러기 아침 때우려 진등 방앗간으로 향하는데
오늘은 공휴일, 방아를 찧지 않자 쫄딱 굶었다

짝꿍들은 도화 숲속을 뒹굴 방굴 행복 데불고
짝 잃은 암컷 외톨이 한 마리
눈밭을 헤집으며 멜칼 없이 회방을 놓는다
금방 사랑을 품으려
머리칼 쥐어뜯으며 엎치락뒤치락
자고로 코피가 터진 녀석은 졌다
패배자는 뿌드득 이를 뿌리며
피난골 제각 치유의 숲으로 떠났다

날마다 찾아오는 소식 전사 여태 무소식이다
오늘은 보천교 동지 시제 모시는 날
왠지 꿍꿍이가 있었네

사랑과 이별
-고독 15

세월호의 비통함이여
꽃다운 청춘들이 검은 바다 속에 수장되어
부모 형제와 온 나라 골골에 못을 박아
대륙은 석 달 열흘가량 눈물바다를 이루었다

세상 사람들이여라
단죄의 상자를 열어놓고
더 이상 무엇을 기다립니까?
우리는 여태 것 방황의 늪 헤어나지 못하고
오늘도 진한 슬픔을 삼킨다

하늘이시여라
대지의 신 가이아여
바다의 화신 폰토스여
사랑과 이별은 누구의 죄인가요

아름답고 청초한 조국의 꽃들을
사랑으로 포근히 감싸주소서

비상

-고독 21

어둠의 빛 그늘에서 흔적 없는 흔적을 낳고
물안개 지평선 저 끄트머리 생지옥에서
고향을 잃어버린 이방인의 절규가 들려온다
꿈을 잉태하고 퍼덕이는 파랑새다
희망봉 돛을 올려라
오늘 저 광야로 향하리라
지구를 통째로 흔드는 욕망의 핵폭탄이다
시인의 노래는 금빛 날개 펴고
어둠을 밝히는 고독의 찬미

황산에 올라

-고독 24

아름다운 西湖 동살 피어오르고
나는 운무 젖은 黃山에 올라본다

구름 위 구름을 품고
하늘 위 하늘을 보다
총알 탄 은하철도 999 산허리 돌아
잽싸게 천국으로 숨어 들어갔다

만장 되어 하늘 닿을 절벽 위
고향 떠나온 철새 한 마리 부스스 가슴 조였다
그날 밤 나는 오공과 손을 잡고
주유천하 다니는 꿈을 꿨다

어느덧 적막함이 四海를 짓누르고
암울함이 두텁게 쌓인 心像은
대륙의 空虛를 깨고 만리장성을 돌고 돌아
산 넘고 바다 건너
찬란한 동방의 고향 산천 대지 위에 한 송이
꽃으로 피어났다

* 은하철도 999는 황산의 케이블카를 의미함.

5부

아름다운 흔적

바람은 어디서 왔다 어디로 가나
그날 이후
천자의 성
裸木의 절규
그대 저 눈밭에 사슴이 되어도
달동네 애환
별을 기다리는 마음
나는 바람이 되어
진정한 애국자들
댕기머리 소녀
청춘 고백
배반의 시인
나는 장돌뱅이
봉만 삼촌은 부처다
김종태의 죽음을 애도하며

바람은 어디서 왔다 어디로 가나

- 아름다운 흔적 7

일천구백칠십삼 년 21살에 둥지 튼
용마산 자락 달동네 7통 4반에는
바람맞은 촌것들이 엉키어 살고 있었다

미순 엄마 엄동설한 시장 바닥에 퍼질러 앉아
도라지 서너 바가지 까서 팔고
동태 몇 마리 쓱쓱 포 떠주고
콩나물 한 통 인심 좋게 쑥쑥 뽑아주고
하루 몇천 원에서 수만 원 쏠쏠하게 깨나 모았다

갓 서른 7통장 박 씨 수다쟁이 여편네
낙찰계 만들어서 뚝 넘어 답십리 갈대밭
싼거리해 부자 되자고 사통 팔방 보는 이
가는 이 내내 붙들고 사바꿍 사바꿍
달포가량 통술로 퍼지르더니
이듬해 사월 복사꽃 흐드러지던 바로 그날
Y.H 가발공장 서른셋 숫총각 배꼽을 맞대더니
2년 반 만에 스물아홉 명 곗돈 왕창 갈무리하고
서방 자식 팽개치고 새벽녘 갈대밭으로 갔다

갓 서른다섯 미순 씨 7동 시장 통에서
두부 서너 판 팔고 오댕 순두부 솔찬히 팔았다
어쩐지 상판대기가 박속처럼 곱다고 했더니
서방 죽은 지 한 달 남짓, 그새를 못 참아 시장통
입구 순정 카바레 뻔질나게 들락거리더니
강남 제비와 짝짜꿍 소문이 파다하게 퍼지자
곗날 통장 여편네랑 쏙닥쏙닥
열흘 남짓 사이 백구두 강남 제비 등에 업혀 날아갔다

엄동설한 7통 4반은 하루가 멀게 바람처럼 떠나고
석양 무렵, 바람 맞은 촌것들이 슬그머니 왔다

*1973년 11월

그날 이후
- 아름다운 흔적 2

일천구백칠십오 년 그해 동짓달 용마산 자락
면목7동 뚝방촌 알 수 없는 불이나 백여 채가 잿더미로 변했다
모두가 정치 깡패들의 소행이라 가슴을 치며 통곡했다
민초들은 간이천막 속에서
엄동설한 긴긴밤 눈물로 지세며
눌린 보리쌀 밥과 수제비 죽으로
하루 두 끼를 때워 갔다

민초들은 낮에 온갖 궂은 일 똥푸는 일 마다하지 않고
밤에는 봉투 접기를 하며
오로지 아들딸 대학 보내는 희망을 품고
밤마다 부처님께 공덕을 쌓고
새벽까지 꿈을 자아올리며 꼬르륵거리는
창시를 냉수로 다독이며 긴긴밤 참아냈다

그 후 사십 년 세월은 유수처럼 흘러
21세기 첨단 과학 문명을 탄생시키고
경치 좋고 물 좋은 용마산 자락 달동네
민초들의 둥지에 아파트가 달밑까지 차오르고
수백 명이 먹던 젖줄 작두수도 물가는
수양 멋들어진 노송 몇 그루 심어져
길 나그네 쉼터를 만들어주고 있었다

천자의 성
- 아름다운 흔적 8

이른 아침 창문 휘장을 여니
내장산 서래봉
입암산 갓바위
피난골 국사봉
새하얗게 소복단장 차려입었다

天子의 城
수백만 영혼이 깃든 각세종
종탑 함성은 하늘을 찔렀건만
여덟 성상이 흘러 가버린 오늘
비룡산에 피어린 자국만 쓸쓸히 남아있다

십 일 전 서른다섯 채 고루거각 옛터
천하를 호령하던 호위무사 두 마리의 해태 상
떠받고 있던 육중한 받침돌만 덩그렁 뒹굴 뿐

600만의 발자취
동지제, 눈 내리는 날이면 어김없이
보천교 분소 팔 정현 마당에
뽀얀 분가루에 묻혀 신기루로 피어나는데

*天子의 城_ 보천교

裸木의 절규

– 아름다운 흔적 6

일천구백칠십사 년 그해 섣달 초이레
삼팔선 넘어온 흑풍에 눈발까지 사나흘 가량을
모질게도 퍼부어댔다
살을 째는 한파에 답십리 뚝방촌 민초의 겨울은
추위와 배고픔 삭막함과 고독이 밤을 휘감아왔다

매서운 칼바람은 구멍 난 봉창 틈새로
호박잎만한 함박 눈송이까지 몰고 들어와
어느새 방안 가득 덩실덩실 춤을 추고
칼바람에 만신창 된 지붕 루핑 펄럭이는 저 소리 비창이다

고향을 떠나와 꿈을 찾아 방황하는
파랑새는 몸부림치며 욕망의 열기 활화산처럼
방안 가득 피어오르며
앙상한 나목 새벽을 열고 절규를 뿌렸다
세상이여
내가 간다

그대 저 눈밭에 사슴이 되어도
- 아름다운 흔적 9

임이시여
나의 정든 임이시여!
그대 저 눈밭에 사슴이 되어도
나는 그댈 뽀송뽀송 위로해 주는 거위 털 눈이 될래요

시베리아 칼바람이 사납도록 휘몰아쳐 오고
도시의 숲 생기를 잃어 그대 비통에 잠기고
장바구니가 가벼워 그대 식욕을 잃는다면
나는 온갖 비타민 되어 활력소 충전시켜주고
풍진 세상 새악시처럼 여린 그대 심장 놀라지 않게
토닥토닥 다독여 줄 사랑 사이클이 될래요

임이시여
나의 정든 임이시여!

달동네 애환

– 아름다운 흔적 1

일천구백칠십사 년 십이월 그해 겨울은
동지섣달 내내 진저리나게도 추웠다

중랑천 서울우유 앞에서 면목동까지 수 킬로미터 둑방 촌
면목7동 천막집 살가운 어둠이 휘감으면
온갖 하류 바람에 시달린 발 품팔이 민초들
전쟁용사 외팔이 박씨, 목다리 미순 삼촌,
문둥 허 씨, 똥 푸는 곰보 팔불 씨 등
밤마다 얼음장 같은 평상에 쭈그리고 앉아
얼음이 동동 떠 있는 이빨 시린 탁주 한 사발에
땡땡 언 곰삭은 깍두기 한 개 달랑 넣고 어그적
어그적 씹으며 함박눈 내리는 하늘 한 번 쳐다보고
고달픈 넋두리 하나같이 어둠에 뿌렸다

썩을 놈의 시상
죽을까
말까
천호동 광나루로 갈까

젓가락 장단에 흥 오르면
각자가 18번 한 곡씩 뽑아내고
한바탕 눈물을 손등으로 훔치더니 썩은 이 뿌드득
새끼들 위해 오기로 살아야지, 암 그러세

모두가 내일의 태양에 꿈 실었다

별을 기다리는 마음

- 아름다운 흔적 14

밤새도록 함지박 눈이 펑펑 내리는 날 아침이면
삿갓 바위 백양사 갈재 고갯길에는
열성 등산객들로 북새통을 이뤘다

보천교 보화당 정화당 팔 정현 옛터는
흔적조차 백설에 푹 묻혀 버리고
쑥댕이댁 얼룩무늬 삽살 강아지
천자의 성 뜰 안에서 행복을 데불다

엊그제 뒷산 제각 넘어 꽃밭 동에 놀러갔다가
그물망에 걸려 아내 잃은 터줏대감 미영 새는
천자의 성 보화당 가락사 속에 눈물을 훔치며
새 둥지 틀고 있었다

햇살 터지는 이맘때쯤이면 소식 전사들
대여섯 마리 푸드덕 날아와 동백나무 꽃봉오리에
서너 마리 앉아 아침도 거르고 수다를 떠는데
오늘 뉘 집 경사 손님맞이에 정신 줄을 놨나
나는 하염없이 기다리며 별을 셌다

나는 바람이 되어

- 아름다운 흔적 4

오늘은 망우리 고개 넘어 마석 장날이다
내일은 양평 장이고 모래는 설악 장이며
글피는 현리 장 그글피는 홍천 장이다
마장동과 청량리 시외버스 터미널은
날마다 이른 새벽부터 보따리 장사치들로
장사진을 이뤘다

일천구백칠십삼 년 어느 봄날 나는 장돌뱅이
입문을 했다
동대문 평화시장에서 땡 물건을 아도를 쳐서
망우리 고개 넘어 시골 칠일장을 돌아다니며
장돌뱅이 끼리 내내 합숙을 하고
까치 옷 싸구려를 외치고 다녔다

70년대 생존의 법칙 게임
먹어야 살고 살기 위해 먹는다
고로 나는 돈을 벌어야 했다

삼팔선 너머에서 팔당댐으로 밀려오는 강물은
부모 형제의 희로애환을 아는지 모르는지 넘실넘실
서울로 서울로만 흘러간다

*1975년 10월 홍천 장에서

진정한 애국자들

- 아름다운 흔적 5

동대문구 예비군 훈련장은 망우리 공동묘지 넘어 금곡에 있다
오늘은 5월 예비군 동원훈련이 있는 날, 아침 6시쯤 되자 면목
극장 앞 타이탄 트럭에 이십여 명이 꽉 탔다
이날만은 조국에 대한 충성심은 모두가 한결같았다
금곡으로 가는 동안 길 가던 행인들은 박수를 치고
환호성을 지를 때마다 우리들은 마치 전쟁터 나가는
학도병인 양 가슴이 찡해왔다

고된 하루 훈련이 끝나고 동네 어귀로 나오면 어여삐 한
아낙네들이 연지곤지 찍어 바르고 돈을 벌기 위해 길가에
동동주 한 주전자에 구수한 파전 1.000원 향기가 발길을 붙잡았다

여기저기서 맨바닥에 철퍼덕 주저앉아 포천 동동주
한 대접 벌컥벌컥 들이키고 파전 한 장 쭉 찢어 입에 넣고
두 눈을 지그시 감고 음미를 하면 노랫가락이 절로 나왔다

누군가 입에서 제일번가 목청을 뽑으면
여기저기서 따라 부르는데
전우의 시체를 넘고 넘어

앞으로 앞으로
낙동강아 잘 있거라
우리는 전진한다

비록 취기이지만 조국을 지키겠다는
일념이 자랑스럽고 가슴 뿌듯함을 느끼며
그 열기는 제창 삼창으로 이어져갔다

트럭을 타고 면목 극장 앞까지 한 시간 가량을
돌아오는 동안에도 신바람 나게 군가는 계속되고
길 가던 행인들은 걸음을 멈춘 채
박수갈채가 한동안 그칠 줄 몰랐다

*1975년 5월, 금곡 예비군훈련장 귀가 길에서

댕기머리 소녀
- 아름다운 흔적 10

40년 전 종로3가 피카다리와 단성사 극장 앞
지하 엘파소 심야 음악다실에 가면 단골이라고 DJ는
나의 애창곡 '가방을 든 여인'을 틀어주곤 했다

오늘 밤 문득
심혼을 적셔오는 추억의 입자가 살랑거린다
유토피아에 살고 있을 첫사랑 향기다

천변 복사꽃도 첫사랑을 닮아
그날처럼
서래봉 꼭대기로 두둥실 차오르고
찻잔 속에 별빛 찰랑찰랑 속삭이는데

울고 싶어도 울지 못하고 사랑한다고
고백할 수조차 없는 조각난 시간 속
댕기머리 첫사랑이 밤이슬에 젖는다

청춘 고백

– 아름다운 흔적 12

나의 벗들이여
천호동 광나루 해면 위에 나룻배 띄워놓고
젊음을 노래 부르자

춘풍에 소슬바람은 사내 마음 녹여놓고
흥을 타는 향연의 연가 속
부어라 마셔라
젊음을 맘껏 불사르라

내 청춘은 들통이 났다오
내 인생도 구멍이 났다오
대문호의 길도 산산이 부서졌다오
새콤달콤한 여인들이여 술을 따르고
춤을 추어라

뱀장어 메기 참붕어 지글지글 보글보글
왕 두꺼비 비껴들고
꼬부라진 내 젊음의 창시여
술을 부르라
아름다운 인생열차를 위하여
글로리아야 통기타를 치거라

*시작 노트_ 1976년 4월 천호동 광나루에서.

배반의 시인
– 아름다운 흔적 13

하루에도 몇 번씩 텅 비어버린 외양간에 들어가 봤다
금세 이뿐이 일가족 12명이 음매 하고 부르는 것 같아
보고 뒤돌아보고 눈물만 훔쳤다
고속 전철이 집 앞을 통과하고 사료 값 폭등 내 건강상 문제
비정함을 보여야 했다

바로 그날 새벽 5시
이뿐이 열두 가족은 어느새 이별의 순간을 알고
서로가 서로의 볼을 비벼대며 초롱한 왕방울 눈가엔
뜨거운 눈물이 방울방울 폭포수 되어 내를 이루었다

큰 누렁이 네 발에 얼마나 힘주었던지 땅 푹 패어 들고
함석지붕이 까라질 듯 학학 내품는 큰 숨소리
어린 새끼들 안절부절 방방 뛰며 음매음매
목이 쇠도록 불렀지만……
온 가족 하얀 슬픔이 새벽하늘에 뭉실뭉실 피어올랐다

수년 전 큰딸 진주를 시집보내며 울 때에도 이토록
내 애간장을 잘근잘근 태우지 않았거늘
빈 가슴이 저려온다

나는 서로의 눈빛 마주하지 않으려고 빈 어둠 속으로
눈총을 파묻었다

영업용 용달차에 실려 문밖을 나설 때
이뿐이 삼대 12가족은
연모의 정을 그렁그렁 자아올리며
나를 보고 또 뒤돌아보며 애달피 떠나갔다

*시작 노트_ 소 값 폭락과 사료 값 폭등 특히 건강상 이유로 수년 정들었던 식구가 헐값에 팔려나갔다. 그날 이후로 내 그녀도 한동안 식욕을 잃고 슬픔에 빠졌다(2012년 9월).

나는 장돌뱅이
- 아름다운 흔적 18

일천구백칠십삼 년 춘삼월 면목7동 시장
쫓고 쫓기는 인생 참 많기도 하구나
구청 싹쓸이 직원, 시장 내 경비 떴다 하면
노점상들 전쟁터다
장터에서 미치듯이 술래잡기한다
뺑글뺑글 돌고 돈다, 때로는 종일토록

너른 공터 울릉도 호박엿, 각시춤에 바닥나고
리어카 회전목마는 아이들에게 비행기표를 판다
뉴욕, 영국, 소련, 중국, 프랑스, 일본 그리고 서울
대부분 에펠탑 꼭대기 올라 신나게 원더풀 연발

시장통 입구 계룡산에서 이십 년 수업을 마치고 막
하산한 용한 도사, 손님 없자 봄 아지랑이에 취해 졸졸
내 뒷집 동태 파는 쉰다섯 맹순이 엄마
지난밤 돼지꿈을 꾸었다고 자랑을 하더니
오백 원 복권 한 장 사서 고쟁이 속 깊숙이 갈무리
허공에 흐뭇한 미소 피우며 낼이 토요일이지
오늘밤 목욕재계해야 쓰것다, 중얼중얼
항아리 닮은 궁둥이 비틀며 집으로 향했다

그러는 나는 면목7동 소문 자자한 더벅머리 숫총각
한갓 까치 옷 파는 풍뎅이 인생이어라

*1973년 10월 면목7동 시장에서.

봉만 삼촌은 부처다

- 아름다운 흔적 3

일천구백칠십사 년 면목7동 시장통 어귀
봉만 삼촌은 10년 넘게 건재상회 하면서
십구공탄 한 장씩을 새끼줄에 쭉 끼어놓고 팔았다
칠팔 세 남아 여자 아이부터 팔순 할배들까지
시장통 장사 아줌마들은 통금 전까지 들락거렸다

삼촌은 10월부터 동지섣달 겨우 내내지나
이듬해 춘삼월 꽃샘추위 지날 무렵까지
길가에 화덕 놓고 연탄불 피워 종일토록
노점상 영감님 아줌씨들 오가는 행인
손끝이 스쳐가고 몸과 마음을 따뜻하게 데워주니
어찌 부처님 자비가 따로 있으랴
해마다 은덕의 칭송이 하늘까지 닿았다

섣달그믐 밤늦은 시각
머리에 함지박인 생선장사 점순 아줌씨
양손에 십구공탄 꿰맨 새끼줄 꽉 쥐고
옴박지만한 궁둥이 삐딱 삐딱할 때마다
고등어와 꽁치도 덩달아 폴짝폴짝 뛰었다

고개도 기우뚱 갸우뚱 곡예사가 따로 없다
서방과 새끼들 몸 녹여줄 생각에 발걸음도 빨라졌다

부처님 같은 봉만 삼촌 오늘 섣달 그믐인데
어느 하늘궁전에서 연탄불 피우고 계실까?
40년 세월……

김종태의 죽음을 애도하며

- 아름다운 흔적 19

너는 십칠 인을 외면한 채
다시는 영영 돌아올 수 없는
망각의 길 저 편으로 떠나고 말았다

네가 없는 단 하루는
모두가 허무하게 타 버렸다
그것은
또 다른 운명의 수레바퀴
영혼의 인수분해였다

그리고
40년 전 추억의 동냥 깡통*
삼십 년 전 사-디의 제다 항구에서 연정
탈출, 어둠의 25시
한 번은 가야할 길을 너무 일찍 말없이 떠났다

*동냥 깡통_ 1976년 2월 친구들 5~6명이 모여 장난삼아 동냥아치 구걸을 한번 나간 적이 추억에 남았다.

—

6부

—

내 마음을 훔쳐낸 여자

—

그리움 3

불멸의사랑

얼마나 더 아파야

마지막 협상카드

그는 염라대왕이었다

암호명 007작전

내 마음을 훔쳐낸 여자

미영 새의 슬픔

목마와 소녀

사슴의 눈물

진실

여심

열애 1

염원

증폭

천상의 여인

그대는 나의 카멜레온

그리움 3

너무나
수많은
사연들이
시간의 저편에서
서성이고 있었습니다

날이 가고 또 해가 바뀔수록 하늘 창에
안개꽃으로 피어나는 영상들……
정녕 추억의 그림자인가
봄여름, 갈바람에 떠밀려 왔다
이맘때
겨울 철새 따라가는 그리움인가

나의 소울메이트여

불멸의 사랑

내가 흠모하는 女神 가이야여
나의 영혼과 사랑이 알프스 만년 빙설이
녹아내리듯 지금 막 녹아내리오

세상 끝 이별이 오는 그 순간까지
비너스의 여신으로 그대를 숭상하고
그대만을 사랑할 것이오
그래도 못다 하고 못다 퍼준 사랑 남아있다면
내 죽어서 태양이 되고 달이 되고 별이 되고
구름 되어 사랑 비 흠뻑 그대 가슴 적시우리

프로메테우스마냥 하늘에서 불을 훔쳐다
아르테미스 신전에서 열병 앓은 사랑을 퍼부으니
나의 영혼과 사랑이 알프스 만년 빙설 녹아내리듯
지금부터 막 녹아내리오

* 가이야는 흠모하는 백련을 형상화함.

얼마나 더 아파야

– 내 그녀의 병상일지 4

내 가녀의 척추 1번과 12번 골절에 세균감염 이레째
오늘 새벽녘 증기기관차처럼 저돌적으로 돌진해왔다
어느 행성에서 온지 알 수 없는 괴 바이러스의 정체
놈은 연약한 여인의 몸을 종횡무진 일주천했다
정읍에서 15라는 숫자는 생지옥이었다

드디어 오늘 대학 병원에서 놈의 정체가 밝혀졌다
황색포도알균 95% 사망 24시간만 늦었더라면 결과는
끔찍했다
그러나 죽음보다 진한 고통이 또다시 시작되었다
가녀는 더 견딜 수 없는 장벽에 부딪쳤는지 드디어
손가락을 입에 물었다
얼마나 독하게 깨물었는지 손가락이 툭 터져 붉은 피가
입 안 가득 고이더니 입술 밖으로 봇물 터지듯 흘러내렸다
그래도 고통을 참는데 소용이 없는지, 손가락 하나를 더
집어넣었다. 이마 핏대가 순대 마냥 뿔룩뿔룩 굵어졌다
굵은 땀방울이 7~8월 장맛비처럼 쏟아지고 두 눈에서
빨간 피가. 삶의 체념 방울인지 서럽게도 낙하하는데
하루 이틀 사나흘, 쉰일곱 새치가 아예 파뿌리로 탈색했다

가녀는 고통을 잊기 위해 악녀로 변해갔다
천국을 왕래하며 악녀는 연옥에서 산 자와 죽은 자
자신의 모습을 보았다
슬픔과 서러움 속에서 오열이 새벽어둠을 잘게 부셔갔다
죽음보다 독한 150시간, 악녀의 입에서도 만세 삼창이
터져 나오고야 말았다
오빠야!
내가 얼마나 더 아파야 죽을 수 있을까?
오빠야- 아아아

*2019년 5월

마지막 협상카드

- 내 그녀의 병상일지 3

625호 병실 그녀가 손가락을 깨물며 터져 나온
파편 소리가 새벽 2시 어둠을 잘게 부셔갔다
비상호출 벨소리가 간호사실을 발칵 뒤집어놓았다
칸막이 휘장을 뚫고 튀어나온 화공약품 정체는 뭘까
비릿하고 역겨운 소독약 짬뽕 냄새 거기에
정신질환 칠순 여자 뚱보가 싼 지독한 똥냄새까지
급하게 달려오는 뚱보 간호사 20cm 콘크리트바닥 진동 소리
창가 천식을 앓는 80순 노파의 걸 걸걸… 캑 캑캑…
사신이 오는 소리다

창문 넘어 응급실 앰뷸런스 브레이크 패드 불꽃 파편 소리
4명 교통 환자요, 어린 소녀도 있고
뇌 찰과상에 왼쪽 다리 부러지고 심폐 소생술 급해요
또 어느 악바리 왔나 고래고래 목을 땄다
민주화 투쟁 시민에게 눈 하나 깜짝 안하고
헬기 발포명령을 내려놓고 오리발, 무서워 못 오재.
겁 많은 장군 놈, 그곳에 시신이 수백 구 묻혔어.
횡설수설 술주정뱅이가 온 것 같다
나는 광주다

휴게실 각종 자판기가 특유의 끼를 내뿜는다
생전 커피를 모르고 살아왔다는 두메산골에서 온
팔순 할매와 할배가 아메리카 하루 서너 잔씩
늦깎이 멋이 들어갔다
내 가녀는 금방 염라대왕을 만나려갔다
단판을 지려는 듯……

*2019년 4월 30일

그는 염라대왕이었다

– 내 그녀의 병상일지 1

좀처럼 꿈을 꾸지 않던 그녀가 4월 사고 이후로
병실에서 이상한 꿈을 자주 꾼다고 고백을 해왔다

지난밤 새벽녘 어느 한 곳을 갔습니다
그곳에 수많은 사람들이 있었습니다 石단상에
우락부락하게 생긴 털북숭이 2명이 앉아있는데
순간 나는 죽어서 염라국에 왔구나 생각했습니다
나는 허무를 씹으며 사신 앞으로 불쑥 다가갔습니다
나는 서러움을 마구 토해냈습니다

오늘 날까지 남들은 수없이 다닌다는 외국여행 한 번
못 가보고 여자 티 한번 내지 않고 남편과 두 딸 위해
앞만 보고 달려왔는데 죽음,
이 무슨 귀신 씻나락 까먹는 소리입니까?
다짜고짜 표독스럽게 쏘아대기 시작했지요
된서리가 펄펄 휘날리자 한 사람이 증발해 버리고
남은 한 사람 구척장신에 수염이 대자나 되고
두 눈은 황소 눈깔보다 조금 컸습니다
무섭다는 생각은 쪼끔도 들지 않았습니다
갑자기 황소 눈이 너털웃음을 터트렸습니다

예사 웃음이 아닌 것 같았습니다
그때 누군가 전음입밀傳音入密로 저분 진짜 염라대왕이오
나는 진짜로 죽었다, 그런데
매우 아리송한 여운이 날아와 꿈밖으로……

*2019년 4월 20일 원광대학 병실에서

암호명 007작전

– 내 그녀의 병상일지 2

낯도깨비처럼 생긴 화상 그놈 참 귀신같은 놈이다
좀 센 놈은 아무리 단단한 바위 속이라도 뚫고 들어갔다
그리고 상대를 죽음의 경지로 몰아넣는다
아무리 신약이라 해도 놈을 사로잡기가 쉽지 않다
포획 포인트는 적절한 요소에서 골든 타이밍이다
일주일의 피 말리는 탐색전
신약이 헬기로 긴급 공수되어 오고 본격적 사냥이 시작된다
드디어 특명이 떨어졌다
세균의 전 행보에 바리게이트를 쳐라
첫날, 전투는 심장의 혈류계곡에서 장장 6시간 벌어졌다
신약 항생제가 힘겹게 압승을 했다
둘째 날, 신장의 밀림지대 전투에서도 5시간 아군 백혈구의
희생이 많이 따랐지만 가까스로 대승을 거두었다

잔당 최후의 소탕작전 밤 12시 암호명 007 번갯불 콩 볶기
패혈증 탈환이었다
이제 마지막 잔당 소탕작전은 신약과 백혈 부대
그리고 가녀의 초능력 삼군의 합동작전이 필요했다
대장의 광활한 벌판에서 2억5천만 마리 세균부대와 마주쳤다
5시간에 걸친 피어린 전투였다

가녀의 초능력에 세균부대는 전멸됐다

전투 위해 위장은 보호제로 방어막을 단단히 쳤다지만
신장은 견딜 수 없는 복통에 축구공처럼 붓고 괴로워했다
죽음과도 같았던 결전의 순간 진통제 4시간뿐
천국과 지옥의 문턱은 1시간 차인데 그 시각이 문제였다
가녀는 자신이 참을 수 있는 한계점에 도전장을 던졌다
최소한 30분~1시간을 견디어라!
어금니 모아 맷돌을 갈아내는 소리가 긴 복도를 타고
병실을 일곱 개쯤 지나고 간호사실 앞에서 컴퓨터에
사망 체크를 하고 곧장 엘리베이터에 실려 지하로
깊숙이 묻혀갔다
2시간 경과 혈액검사 95% 세균 괴멸
가녀 77일 만에 죽음의 수렁에서 탈출했다
아침 6시30분이다

*2019년 4월 27일 원광대학병실에서

*가녀_ 가엾은 내 그녀

내 마음을 훔쳐낸 여자

4월 도화가 흐드러지던 그날
허공에 불쑥 그려진 그 여자의
눈빛은 남달랐다

귀여운 매는 사냥감을 낚아채
욕망의 날개를 갈무리했다
행동과 마음 씀씀이도 변했다
엄마처럼 포근하고 누이처럼 다정하고
연인처럼 달콤했다

나는 까만 두 개의 흑진주에 반해
챌린저 심연 속으로 침몰되어 버렸다
정녕 진주는 나를 위한 보석이었다
보석은 귀엽고 사랑스러웠다
그 여자가
내 마음을 훔쳐낸 지 퍽이나 오래인 듯
오늘 그녀의 눈빛이 남달랐다

미영 새의 슬픔

오- 내 사랑
제발 떠나지 말아줘요

내 곁에서 오래도록
빈자리 채워줄 수 없나요
이렇게 두 손 모아 빌게요

그대 바람 되어 떠나면
가여운 미영 새
외로움에 지쳐 죽고 말 거예요

이토록
우리의 사랑이 살아 꿈틀거리는데
그리도 쉽사리 떠나가시나요

이제 우리들 사랑은 머지않아
내장산 자락 단풍잎처럼
오방색으로 화려하게 치장하고
새 밤을 맞이할 거예요

그대여
제발 가지 말아주세요

목마와 소녀

어린 시절부터 정을 듬뿍 퍼준 나의 벗이
열여섯 꽃다운 댕기머리 시절
달콤한 사랑 찾아 쫓아가더니

머나먼 몽마르트르에 둥지 틀고 헤픈 기생오라비와
청춘을 불사르며 바람처럼 살았다

언제부터 쓸쓸한 카페에서 눈물 바람 40년
꽃비 내리는 지난 4월, 6호선 날개를 단 바람 새는
꽃마차 셔틀에 실려 고향 천국으로 왔다

인생사 한 편의 꿈 오라기여라
하늘 땅 가르는 댕기머리 소녀 설음 꽃 소리에
세느강 물귀신마저 슬퍼했다

오늘은 사랑비가 내리네
옛 동심의 철부지 사랑이 피어난다
허무-타!
미운 정 고은 정 그리워하다가
나는 또다시 木馬가 된다

사슴의 눈물

너는 두터운 철 가면을 뒤집어쓰고
새하얀 면사포 위에 붉은 피를 뿌렸다

꽃송이는 피가 끓었다
심장도 발버둥 쳤다
머리칼은 하늘을 찔렀다
꽃송이는 몸살을 해댔다
아예 까무러쳐 버렸다
사랑은 겉치레에 불과했다
야누스의 눈물은 진실이었다

너는 지난 밤 무엇을 했느냐
목 뺀 사슴은 고백을 한다
물을 뺐어요, 황금의 물줄기지요
줄잡아 몇만 원 가량
한편으로 기뻤다
그 기쁨은 곧장 통곡으로 변해버렸다

사슴의 슬픔은 궤짝 속에 차곡차곡 쌓여만 가고
어느 날 모가지를 꺾었다
꽃……

*1976년 5월, 어느 장미의 고백에서

진실

나 그대의 마음 정녕 알 수 없다 해도
그대는 단 하나뿐인 내 사랑이 분명하오

나는 그대의
창을 사랑하고
그대의
순수함을 사랑하며
그대의 포근한 가슴에
내 육신과 마음을 묻고

내 육신의
뼈와 살을 한 점 없이 쥐어짜 꽃 사랑 만들어
멍울 든 그대 가슴속 새겨놓고
우리 천국에서
영원한 사랑 피우리오

*시작 노트_ 1975년 소설 목마가 된 시인 중.

여심

보름달이 휘영청 늘어지고
잘록한 수양버들 아래
어느 때부터인가
무심한 얼굴로
서쪽 하늘만 바라보는 여심

보름달이 서래봉 산마루에
두둥실 차오르면 오신다는 낭군
어느덧 자시가 넘어가는데
이제는 별빛마저 다 스러지도록
소식 없어라

복실이도 덩달아 애가 타는지
가물가물한 조각달만 보고, 차마……

열애 1

어여삐 여기어
내
너를 받아들고

허허로운 가슴팍에
철없이 피어오른
연민의 불꽃

꿈엔들 잊을쏜가
죽은들 잊을쏜가
오매불망
이 세상
끝까지 너와 함께 하고 싶어라

염원

무수리 바람 속에 나의 육신을
가시덤불 속으로 끌어들였다
만신창이가 된 피하체 절망이다
우주는 불멸과 메아리뿐이다

나는 첩첩산중 만장협곡에 홀로 탁발승 되어
허공에 염주 알을 한줌 뿌렸다

한 톨의 염주 알은
詩聖이 되는 꿈이다
또 한 톨은
인격체, 사랑과 존엄
또 다른 한 톨은
활화산처럼 피 터지는 문학의 열정이다
내 너를 만나면 무엇을 보일거나
그날이 오기에는 아직 어둠뿐인데……

증폭
- 꿈의 미학 22

선달 으스름 달밤 겨울비는
초저녁부터 부슬부슬 내리고
가슴이 꽉 막힌 까닭은
혹시
그 때문인가

어젯밤
내 죽음의 꿈속에 들었다
홀연히 사라진
샤머니즘의 세계에서 왔다던
코로나19

*시작 노트_ 2020년 1월

천상의 여인

겨울비가
측은이 내리는 새벽녘
꿈속에
한 여인이 살그머니 들어와
염화의 미소 피우며
마음속 한 귀퉁이에다 무작정
정 듬뿍 심어놓고 홀연히 떠났습니다

내 순정한 가슴에 툭 떨어진
하늘 보석이랴
월궁의 항아이련가
저리도 예쁠까?
순정한 두 눈에 종일토록 젖어든다

*시작 노트_ 2004년 수석회에서 한 여인을 만났다. 그 뒤 우리는 가까워졌고 관포지교 사이가 됐다.

그대는 나의 카멜레온

그대는
찬연하게 사랑받는 나의 우상
오방색 저고리 휘감고
앙상한 나목에 새싹도 피우고
메마른 대지 금비 뿌리며
온 세상 휘몰아치는 꽃바람이다

그대는
우정과 진실을 먹고 사랑
너와 나의 세상 어둠을 밝혀줄 횃불
만방에 생명줄, 평화의 여신은 가시연꽃

그런 그대는 구주에
보석을 뿌리고 다니는 대륙의 폭풍
十方 미인, 변화의 마술사 카멜레온이어라

—

7부

—

판타지 꿈의 미학

—

전설

샤머니즘의 세계다

천하를 얻고 싶다면

신들린 과학 그리고 오염된 도시

내 꿈 안에 누렁이가

위대한 사랑

용이 승천하다

시인은 순백하다

상실과 기쁨

버킹검 궁에서 온 독수리

나는 죽어보고 싶다

나는 시간의 賢者다

어느 정치가의 종말

나는 새로운 역사를 쓰다

공든 탑

오메 부황 나것다

신과의 약속

전설

- 판타지 꿈의 미학 21

윤달이 든 섣달 그믐밤에 겨울비가 한 사나흘쯤 비러 먹게 내리고 초승달이 먹구름에 갇힐 무렵 300년쯤 묵은 괴목 나무에 벼락불을 때리면 역천자를 데려간다는 전설이 있다 엇그제부터 웬 놈의 겨울비가 연사흘을 젖고 오늘이 그믐 밤인데 자시 진흑 구름에 달 쌓이고 때 아닌 파란 섬광이 천지에 번득거리더니 이조 왕실 오백 년 묵은 천연기념물 가슴팍 수무자짜리 팽나무를 단칼에 베고 꺼지지 않은 유황 불에 홀랑 타버렸다 염라국 사신이 온다는 새벽녘 그 시각 염라청 수호자가 두 필의 백말이 끄는 허름한 마차를 몰고 덕수궁 돌담길 홀연히 나타났다

먼동이 터올 무렵
하얀 무명 저고리가
북악산 하늘 어귀에서
덩실덩실 춤을 추자
할배와 아이들
삼삼오오 짝을 지어
전설이 살아났다 노래하는데……

*2016년 12월

샤머니즘의 세계다

– 판타지 꿈의 미학 2

동짓달 길고도 깊은 밤 꿈 게이트가 험준한 준령
萬長의 협곡 위에 대롱대롱 매달려 있다 하늘 아래는
짙은 운무에 쌓여 있고 賢者가 구름 위에 앉아있었다
나는 그 옛날 아부지 지게 바작만 한 독수리
등에 올라 주유천하 길에 올랐다

그는 오공의 분신이었다
나는 중원의 하늘을 휘젓고 다니며
天王峯 붉은색 화강암 병풍 벽에
제법 통통한 보릿단 붓으로
순수의 詩心을 마구 풀어 놓기 시작했다
도인도 아니고 그림쟁이도 아닌 내가
판타지 왈, 시성님 주유천하라
꿈이란 녀석은 샤머니즘이야
흥흥……

*2017년 1월 8일

천하를 얻고 싶다면

– 판타지 꿈의 미학 40

나는 10개의 황금 덩어리를 갖고 있었다
나는 일곱 친구들에게 한 개씩 나눠 주었다
누구네 집인지 기억을 해낼 수는 없었다
그중 몇 명이 고스톱을 치고 있었다
난데없이 경찰관 한 명이 들이닥쳤다
곁에 있던 일곱, 바람처럼 우주로 흡수되어 버렸다
나 홀로 맨틀 통로에 앉아 있다

경찰관이 벽을 등지고 내 곁에 와 앉았다
아니 자네가 여긴 웬일인가, 안면이 있다
이부자리 속 내 손에는 금 막대 3개가 쥐어져 있었다
나는 엉덩이를 살짝 빼며 바닥에 놓으려 했는데
금 막대끼리 날카로운 금속성이 두 사람 우정을 갈랐다
네 개의 눈, 희비가 엇갈렸다
경찰관 두 개의 조리개에 번갯불이 스쳐가더니
오메- 금 덩어리를 놓고 도박을
경찰관 메인 화면에 갑자기 십 층 빌딩이 세워졌다
그의 눈 코 입에서 춤사위가 일어났다
솔개가 금 막대를 낚아채 지퍼를 채웠다

나는 얼른 꿈 판타지 다음카페 가봐 '황금산의 성배와 여의주'
비밀을 술술 털어놓았다
이보게 욕망의 모닥불을 지피고 싶은가
고비사막 지하 황금산에는 지천에 금일세
내 꿈속으로 와 4번 게이트를 타게
공간 이동으로 100사로스saros* 후 금혼식에 도착
모래 폭풍 속 땅속에서 황금산이 올라오지. 꼭 가게

두 남자가 철길을 걸어가고 있었다
나는 황금산에서 막 돌아와서도 이 철길을 걸었다
그때 주머니 안에는 주먹만 한 황금 덩어리 한 개가 있었다
지금도……
두 사람의 미소가 색다르다

*1사로스(saros)_ 18년
*4번 게이트_ 판타지
*2018년 1월 18일

신들린 과학 그리고 오염된 도시

– 판타지 꿈의 미학 28

꿈 게이트가 신들린 과학관 앞에 삐끗 열려있다

서너 살쯤 된 여자아이가 탁구공만한 아이로 변신하고 다시 수정 구슬 속에 퐁 갇혀 버렸다 그 옆에 사나운 들개 한 마리가 외롭게 서 있다 꼴깍! 군침이 폭포수처럼 흘러내렸다 드디어 파란 불을 켜 들고 탁구공을 째려본다 수정 구슬 겁 없이 들개 앞다리 사이로 떼굴떼굴 굴러갔다 들개가 네 사지를 하늘로 쳐들고 항복의 표시를 했다 이때 수정 구슬이 잽싸게 개의 자궁 속으로 들어갔다 창시 속은 별의 별 오물로 뒤죽박죽되었다 새콤달콤한 향기에 먹고 싶은 충동심이 일어났다

산 들 바다 강, 도시는 온통
환경호르몬으로 발 디딜 틈도 없이 넘쳐났다
수많은 사람들이 아우성을 치고 다녔다
개와 고양이도 플래카드 들고 행진했다
산에는 소나무 진달래 다래 머루 온갖
시들시들해 버렸다
노루 꿩 토끼 재롱둥이 다람쥐
풀죽은 한숨 소리에 하늘이 까라졌다
뻐꾹 뻐꾹 뻑뻑꾹 소리는 아예 죽임을 당했다

피사의 탑 꼭대기 비둘기가 코 빠치고 서 있다
한순간 야옹이가 감았던 두 눈을 번쩍 떴다
오염된 사람들이다 어느새 인간의 몸에 변화가 왔다
지구를 살려야 한다
친환경 센서가 폭주를 시작하는데……

내 꿈 안에 누렁이가

- 판타지 꿈의 미학 42

먹 그믐밤 초록별 달그림자 입암산 삿갓 바위 턱에 걸려 헐떡거리자 시월 뙤약볕에 시달린 접동새 목쉰 채 떡갈나무 숲에 묻혀 어스름에 잠이 들었다 간밤 꿈속에 우리 집 누렁이가 3人의 포식자들

은빛 쇠사슬에 묶여 역마살 굴레에 갇힌 여린 가슴 다독이며 애소도 없이 끌려 나왔다 집 앞 실개천 엉거주춤 건너는 길 첨벙! 첨벙!

어무이 영상이 그려졌다 흩어지고 또 그려졌다 흩어지고 뒷산 피난골 자락 골골에 부서지는데 목 터지도록 불러보는 구원의 소리는

입 안에서 맴돌았다 나는 가오- 나는 인공 수정으로 태어나 아부지의 얼굴도 모르고 살아왔소 오직 어무이와 형제들뿐이오

목숨 꽃 베어지는 피어린 절규가 터져 나왔다

어무이- 어 무 이-

이름도 모르는 두메산골 장칼을 든 3人의 포식자들

춤사위가 시작됐다

칼날이 부딪칠 때마다 시퍼런 섬광이 번득거린다

포식자들의 눈 속에서 파란 불똥이 튕겨 나왔다

한순간 모든 행동이 정지되었다
흘러가는 바람도 멈춰버렸다
떡갈나무 위 소쩍새 아예 졸도해 추락해갔다
꼴깍, 꼴깍!
3人의 침 넘어가는 소리가 천둥치듯 나를 전율시켜왔다
한순간 장칼이 바람을 가르며 하늘을 쪼개듯 베어왔다
최후다

누렁이 눈가에 눈물이 그렁그렁 칠팔월 장대비가 쏟아진다
우리 누렁이가 묵 그림자에 삶 일그러진 채
육신의 마디마디가 천골 만골로 갈아져
새빨간 꽃송이가 하늘가에 수놓아지며
핏물은 폭포수 되어 산 골골에 내를 이루었다
달도 잠들고 별빛마저 없는 먹 그믐밤
시퍼런 혼불은 주렁주렁 만추晩秋의 새벽을 열고
애간장 절이는 어무이 메아리만 하늘가에 묻혀 가는데
아빠 우리 집 누렁이가 불쌍하다
쥐밤나무 위 선잠 깬 어린 까치 투정곡이 애처롭다
누렁아……

위대한 사랑
– 판타지 꿈의 미학 8

나는 뱀이었다
원초적 창시를 훤히 드러낸 채 꽃밭을 뒹굴며 꿈을 쪼아대고
기억의 수렁 속에서 조각난 파편을 퍼즐에 꿰매기 시작했다
21세기 마지막 시즌이 문명 과학의 최첨단 발달로 대재앙이
일어나고 있었다

이곳은 최첨단을 자랑하는 남반구 섬에 위치한 50Gw 핵발전소
원자로 온도 급팽창 핵분열 징후가 보인다
오백, 일천, 일천오백 위험수치에 근접합니다
중앙통제실에서 알린다
핵 원자로 폭발 카운트다운이 자동으로 시작되었다
60분 전!
우리가 수동으로 제어한다 냉각기 터빈을 돌려라
바닷물 유입 수중 펌프가동, 탱크 개방
좌뇌 원자로 정상 우뇌 원자로 정상
심장박동 85, 자율신경 말초신경 정상

다이아몬드 닐 파이프에 호르몬 주입시켜라
목숨을 걸겠다 오버
안정한 동위원소 100mg 주입 징상가동 완료

마지막으로 연료봉 삽입할 탱크 확인하라
문제가 발생했습니다 뚜 뚜 뚜 뚜……
핵폭발 융합 탱크에 들어갈 연료봉 사이즈가
상상외로 커 거부 반응을 보였습니다
여기는 중앙시스템 상황분석 완료 최후 방법을 쓴다

3번 게이트*를 열어라!
기억의 저편에 가서 프로그램을 위대한 사랑으로 변경해야 한다
시간이 너무 촉박합니다
남은 시간 55분 도착 48분 소요 메인 룸까지 거리 3분
손가락 지문 각막 인식에 음성 모드 승인 3~4분 대기
나는 불사신이다
10초의 여유, 고로 할 수 있다
비밀번호, 위대한 사랑 꼭 기억하라

*3번_ 과거 게이트
*2017년 1월 18일

용이 승천하다

– 판타지 꿈의 미학 1

2번 게이트가 열리자 고래 등 같은 집을 짓기 시작했다
옥제 도편수 영차 소리에 맞춰 아름드리 상량이 하늘을 탄다
龍 檀紀 四 仟 三百三十 1年 乙酉 1月 3日 午時 上樑 龜
應天上之五光 응천상지오광. 하늘에서 오복 빛
備之上地五福 비지상지오복. 땅에서 오복
備人間之詩福 비인간지시복. 세상에 시를 떨침

용이 승천을 하다 말고 나를 멀뚱히 쳐다본다
아차! 얼른 신사임당을 스무 장 올렸다
상량이 눈웃음 달고 용꼬리 치듯 하늘로 날았다

여덟 개의 소나무 기둥은 국사봉을 꼬부랑 치며
하늘을 떠받는데, 대자연의 극치다
지붕은 하늘을 오려다 달빛과 별 그리고 은하수가
우르르 쏟아져 들어와 시상詩想의 정원을 만들자
벽은 싸리나무와 갈대로 엮고 호박을 심자

다섯 칸의 시즌을 만들자
봄 여름 가을 겨울
소담한 시인의 칸은 천태만상의 돌들이 꿈을 먹고 산다
돌생이 30년에 사십 년의 시신詩心을 풀어놓았다
천룡 한 마리가 웅비雄飛를 서두르고 있다

*2번 게이트_ 예지

시인은 순백하다

- 판타지 꿈의 미학 3

지난 새벽녘 서해 용궁을 살그머니 빠져나온
해룡 한 마리가 꿈속에 날아내렸다 이무기인지
알 수는 없지만 길이가 대략 8m쯤 되어 보이고
몸통은 갓 나온 애만 하고 전신에 두른 비단옷은
萬壽 인어처럼 매끈하게 생겼고 두 눈이 황소 눈깔보다
크고 아프리카 물소처럼 우람한 뿔도 있고 한 자쯤 되는
콧수염도 있고 다만 여의주를 물지는 않은 것이 흠이지만
금빛 휘광 분명히 해룡이다 지금 내 품에 안겨
태평하게 단꿈에 젖어있다

帝王의 제시 가격이 만만치 않다
5억, 10억, 백지수표 한 장
유럽 7개국 순방에 21박, 덤으로 캐딜락까지
천지가 개벽할 빅 카드다
시인의 一筆指揮로 하늘만 가려주면 팔자가 확 핀다

오공 시절 그들은 피의 사자였다
일천구백칠십사 년 동짓달
그해 겨울 어떤 이 사흘을 꼬박 굶었다
돈과 명예를 뿌리치고 그리고 열흘
밤잠을 설쳐가며 純白의 마음을 보였다
나는 오늘도 깜빡 딜레마에 파묻힐 뻔했네

상실과 기쁨

– 판타지 꿈의 미학 10

꿈을 열고 램 수면에 일탈하여 기억의 저편으로 가보자
나는 인적도 없는 우주 낯선 행성에 홀로 우뚝 서 있다
나룻배와 기차 우주 스테이션도 없는 공허한 행성에
꿈의 파편들이 조각난 채 서성이는데, 지구는 온갖
산업공해에 병들고, 남극 빙산은 해빙기를 맡았다
지구에 생명을 불어넣기에는 이미 후회와 상실의 세계
現象의 世界는 다가가면 다가갈수록 또 저 만큼
멀어져가고, 혼돈의 無我는 나를 간당간당하게 갈아놓았다

그곳의 추악한 집행관이 나를 통째 째려보고 있는데
더 이상 갈 곳도 의지할 곳 없는데, 가까스로 탈출
뭉그러진 자아는 힘겹게 나의 별 행성에 진입했다
2100 지구가 생명을 찾아가고 있다
하얀 눈의 나라다
눈망울 속에 그리움 하나 가득 고여 있다
시계 초침이 거꾸로 가고 있다

버킹검 궁에서 온 독수리

– 판타지 꿈의 미학 24

영국에서 초음속 여객기를 타고 금빛 독수리 한 마리가
인천공항 트랩을 다급하게 빠져 나왔다
그는 통관 절차도 없이 VIP룸을 거쳐 캐딜락 세단에 탔다
독수리는 대륙을 횡단 남쪽으로 기수를 향했다
나는 가을 수확이 끝난 들에서 벼 이삭을 줍고 있었다
내 머리 위 20m쯤 허공에서 독수리가 날갯짓을 하는데
사람 형상이다
금빛 머리, 우윳빛 피부, 킹 코 틀림없이 버킹검 형이다

대머리독수리가 한강의 잉어를 죄다 쪼아대고 있다
목 잘린 잉어가 폴짝거릴 때마다 핏물이 튀겨 도시로 얼룩져갔다
서울 사람들 붉게 물들인 한강물을 식수로 먹었다
붉은 피가 홍해 바다로 흘러갔다

긴코 독수리가 버킹검 궁 꼭대기에 앉아 나를 째려본다
독수리 이빨에 잉어의 부릅뜬 두 눈이 대롱대롱

외부로부터 주파수가 불분명한 텔레파시가 메인
화면에 들어오기 시작했다 지구촌 언어가 아니다
4차원 번역기 가동, 1번 게이트에 탑승하라!
나는 남산타워 꼭대기에서 UFO를 기다리는데……

*1번 게이트_ 미래

나는 죽어보고 싶다
– 판타지 꿈의 미학 18

도심가 건물 안 기관총에서 발사하는 철갑탄 총알이 벽을 뚫고 들어왔다 아주 벌집처럼 구멍이 뚫렸다 내 전신에도 햇살이 숭숭 박혀왔다 화약 내음새가 폐 속에 가득 찼다. 폐가 심하게 발버둥치자 다른 장기들이 탈출을 서두르고 있다

내가 총알을 피하려는 찰라 허벅지에 두 방을 맞았다

가슴에도 한방, 심장이 허우적거리기 시작했다 나는 바닥에 쓰러졌다 얼마 후 눈을 떴다 소독약 냄새가 진하게 코를 찔러왔다 나는 전신이 말짱했다 아주 오래전에도 두 차례 총 맞은 기억이 난다 칼에 3번을 찔리고 그때도 죽지 않고 살아있었다 나는 어디까지 불사신일까?

오늘도 예고편을 보질 못했다

참으로 안타까운 일이다

3번 게이트를 열고 기억의 저편으로 가 봐야 한다

5차원에는 분명한 프로그램이 있을 것이다

건물 안에 나 말고도 여러 사람들이 있는데, 그들은 모두 죽었다

이런 잔혹사의 프로그램은 꿈에 입력이 되지 않았다

최근의 일이다 사이코패스 바이러스가 침투했다면 가

능하다
킬러는 프로들이다 그 이상의 존재는 감지할 수가 없다
내 능력 밖이다 끝인가
실체를 모르는 존재와 싸움은 승산이 없는 무모함
최후의 모험, 유령의 실체를 끌어들인다
어쩌면 나는 정말로 죽을 수도 있는데, 그렇다
죽음의 묘

*3번 게이트_ 과거

나는 시간의 賢者다

– 판타지 꿈의 미학 32

예지의 게이트가 열리자
나는 천길 절벽 위를 공중부양으로 단숨에 날아올랐다
입암산 갓바위에 올라 뭇 선인들과 내기 바둑을 두었다
풍류를 땄다 飛天 飛에 올라, 주유천하 승차권이다
비안도 뒤 섬을 살그머니 빠져나온 백룡 품에 안고
大空 위에 우뚝 섰다 그런데 四大門 통 안이 폭풍전야네
머지않아 광풍 노호가 반도에 휘몰아치리라

밤이 절로 타고
시간도 절로절로 타고
현란한 불꽃 속에
시간의 賢者가 춤을 춘다
空이 空이고 虛다
無가 白이냐
명예, 권력, 아귀餓鬼 국회는 도시 뭐냐
그대는 식객들
나는 시간의 賢者다
또, 뭘 아느냐고……

*아귀_ 허황된 욕심을 배에 맘껏 채움을 비유함
*시간의 현자_ 세상의 돌아가는 이치를 꿰뚫어 봄

어느 정치가의 종말

- 판타지 꿈의 미학 33

3번 게이트를 떠난 우주선은 장난감처럼 예쁘장했다
탑승객은 모두 4명이다 베드룸 나는 이불을 끌어다
그녀에게 덮어주었다
우주선이 대기권에 진입하는 모양이었다
산소마스크를 썼다 코에서 피가 흐르는 느낌
귓속에서 고막을 째며 혈관 터지는 느낌
고통스러운 시간이 느낌으로 한동안 지속되었다

모선 밖 한 사람 웅크리고 공포에 떨고 있다
낯익다 그 유명세를 떨치던 정치가다
이 시대 가증스러운 범법자 학살범이다
혈세를 유치원생 젖 빨 듯 쭉쭉 빨아먹던 정치가였다
수천억 재산을 은익, 세금을 한 푼도 안낸 오리발 축
고릿적 전설에 의하면 그런 놈
거시기에 날벼락을 맞아 내시가 된다고 하데
시방 그놈, 전설의 고향 앞으로 가고 있다
불구덩이 속 천 년 속죄의 양이 되든가
내시가 되든 말든, 상관할 바 없고
우주에 버려질 하찮은 존재, 되든 말든
목숨이 간당간당한데, 조력자나 구원자 오든 말든

전설의 고향은 빠끔히 열리는데……

나는 새로운 역사를 쓰다
- 판타지 꿈의 미학 37

칠흑처럼 어두운 밤 광풍 노호가 비안도 뒤섬을 송두리째 삼켜 버렸다 칼바위 아래 살던 예쁜 청룡 새끼 한 마리가 새벽녘 살그머니 빠져나와 내 꿈으로 들어와 내 품에 안겼다 먼동이 터오기 전 칠흑 같은 어둠속에서 아주 흥미로운 삶이 주절주절 상상의 나래를 폈다
'목마가 된 시인' 장편소설 탈고, 꿈 판타지동화가 나오고 시집 '고독, 그 여정의 끝' 알에서 깨어나자 바로 전쟁이 났다

이제부터 지구가 통째로 흔들릴 것이다
나는 마흔 해 동안
이름도 모를 행성 미아가 되어
칙칙하고 고독했던 긴 여정을
통째로 해방시킨 자유인이다

임압산 삿갓 바위 만구 위에
찬란하게 횃불 밝혀들고
나는 유구悠久한 역사를 쓴다

공든 탑
- 판타지 꿈의 미학 38

고즈넉한 바닷가 男과 女 두 사람이 있다
모래성을 쌓기 시작했다 유명세를 탄 정치인이다
男 초점에 못을 박고 모래를 퍼 올린다
女 말이 없이 지켜볼 뿐이다
이때 멀리서 낯선 이방인이 총총 걸음으로 다가오고 있다
그는 불제자였다
男 땀이 바다로 간 지 어느덧 반나절 정성이 부족하다
수천 번 새겨본다 올리고 퍼 올려도 모래성 도로 아미타불
노을빛 아래 공든 탑, 포도시 한 층 쌓았을 뿐이다

누군가 손바닥만 한 숭어를 장바구니로 가득 잡아왔다
그는 가죽을 벗겨내고 회감을 뜨기 시작했다
모래성 위에 군상들을 한 조각씩 올려놓았다
불제자 목에 가시라도 걸린 듯 군침을 꼴깍 삼켜냈다
男과 女 눈에 불을 켜고 달려든다 천둥치는 소리가 났다

붕어의 혈관이 햇살에 눈이 부신 듯 파닥거렸다
탁발승 혈관을 초장에 푹 찍어 목안 깊숙이 넣었다
숭어가 꼬리를 치고 들어가더니 목탁을 덥석 물었다
탁발승의 입에서 후회가 터져 나왔다
아미타부! 도로아미타부 관음세보살!
공든 탑이 탁발승을 삼켜버리는데……

오메 부황 나것다

– 판타지 꿈의 미학 4

몽불랑 만년필 속에서 정읍 방사선 연구단지 30만 평이
쓱쓱 스케치되어 나왔다
여태껏 본적 없는 생명부지 2명, 이 순간뿐이다
멀대의 쫙 째진 두 눈에서 탐욕의 빛이 감돌고
구릿한 얼굴 똥돼지 내음새가 왈칵 풍겨 나왔다

멀대의 금니 틈새로 비루한 조롱새가 날아와
민초들의 어깨 위에 턱 하고 눌러 앉았다
몬스터 안경 너머로 도톰한 음모가 설왕설래
칠팔 명의 민초들에게 금칠을 발라대자
촌놈의 배때기에서 탄성이 헐레벌떡 뛰쳐나왔다

이때다
키 큰 조롱박 새가 촌닭을 쪼아 먹기 시작했다
김병태 씨 갈대밭 2.550평 20만 원씩 인심 썼다
최말숙 씨 고구마 밭 2.100평 십만 얹혀 35만 좋다
배판수 씨 도로 옆 잡종지 1.500평 30만, 에라 50만 줬다

어구야!
저 썩을 것들이 까막눈 붙잡고 거서먹는다

80은 누돈 받을 줄 모르는데, 코 베어갈 날강도다
나는 저 썩을 것들에게 팔 땅이 없어, 암……
구석지에 홀로 딜레마에 빠져갔다
가막새들이 동그라미를 손가락으로 새고 또 샌다
우어니 풍 들어갔다

신과의 약속

– 판타지 꿈의 미학 46

1번 게이트가 우울한 하노이 도시 귀퉁이에 열려있다
各個戰鬪로 치열한 암투가 시작될 기세
그들은 오직 한 사람을 위해 목숨도 바칠 기세였다
낯익은 여인도 끼어들었다 꽤 미모를 지녔다

그는 회전의자에 앉아있다
사실적, 허공에 붕 떠 있었다
최상의 컨디션이다
그 자리는 최고의 CEO만 앉을 수 있는 권좌다
수많은 사람들이 그를 위해 헌신했다
반도에 평화가 도래할 거라 믿었다
VIP 모든 인센티브도 약속했다

상상을 초월했던 천지개벽 암시, 허무로 끝을 맺었다
빙점氷點

—

8부

—

어느 돌쟁이의 사랑

—

나만의 행복

돌, 그리움 2

돌, 그리움 1

돌 나그네

돌 꽃

돌의 미학

어느 돌쟁이의 사랑

열애 2

자화상 1

제행무상

파랑새 성산 일출봉 날다

나만의 행복

만하晩夏의 새벽녘
하얀 물거품 찰랑 다가와 발등을 적시며
바다 향수 드민다

어스름 물가 작은 몽돌 한 점
동살 속에 오색 찬연한 빛살 터뜨리고
벅차오르게 펌프질하는 내 심장 다독이며
빙하 속 잠든 마법의 수정처럼 전율하고
억겁의 신비경이 혈관을 파노라마 쳤다
오, 아름다운 돌이여
환상의 선구여!

선구 꽃동산 자락에 노을 걸터앉았다
나는 오늘도 벙글어지는 생가슴 다독이며
행복의 나래 살며시 갈무리

* 정가로운_ 조용함을 뜻함.

* 선구_ 남해의 아름다운 마을

* 2013년 7월 2일

돌, 그리움 2

비안도 정가로운 바닷가
만추의 노을빛
칼바위와 불새 한 마리
푸드득 내 품에 안겼다
나는 펌프질하는 심장 다독이며
가슴에 안아본다

아, 그 불새다
십수 년 전
슬픔을 방울방울 태우며
초승달빛 속으로 떠났던 불새

붉은 노을빛 아래
담홍빛 자태 피우며
제2의 불새가 칼바위 위에서
그리움을 자아내고 있다

돌, 그리움 1

아빠 저 돌 문양 불새 닮았다
어둠을 뚫고 금빛 광채 풀풀 날리며
날카로운 입술로 천공을 쪼개어간다

울 둘째 딸 혜실 너무 예뻐라
이 생명 끝나는 날까지 난 감히 사랑하련다
나는 너의 그 예쁜 이름 짓느라 온통 사전 다 뒤집고
네 처음 태어나듯 산고 끝에 슬기로울 혜慧 열매 실實
깊숙한 곳 자리 잡은 자율신경과 엔도르핀에 전율되었다

저 불새는 청산의 어느 귀퉁이에서 태어나
억겁이라는 시간의 여정 속을 데굴데굴
그 얼마나 석인의 애증과 운명적 가슴앓이
그리움 불태워 냈을까
4월 꽃비가 내리던 그날 청산도 은밀한 바닷가에서
불새와 나 시공을 넘나드는 해후가 이루어졌다

그러나 수년 전 내 사랑 불새는 암울한 새벽녘
초생달 속으로
슬픔을 태우며 훨훨 날아가 비렸다
그것은 나 혼자만의 슬픈 연가였다

실비 내리는 고즈넉한 밤이면 그곳에 가고 싶다
마음과 뇌는 제2의 불새를 그리워한다

거센 풍랑이 휘몰아 올랐다
볼라벤 괴물이 흑산도 소안도 청산도
어느 곳 몽땅 삼켜버렸다
오늘은 꽃비가 참 많이도 샌다
고독이 덩달아 줄줄이 새고
돌 그리움 쌓여 방울방울 넘친다

돌 나그네

지난밤 비안도 칼바위 아래 사는 청룡 한 마리가
천둥 번개를 몰고 오더니 산천초목을 밤새도록 때렸다
나는 발끝 묻어나는 향기 피우며 사랑 찾아간다

비안도 돌밭 밤새도록 피난골 산등을 삼킬 듯한
물 덩치가 몰려와 깊숙한 용궁의 보물 흐뭇하게 캐내었다
마침내 나는 널 찾았다
창시 적 널 보았다
꿈에 본 거북이
용궁 끝자락에서 중생의 미소 피우며 나왔어라

우주의 고독과 억겁의 아성을 갈고 닦아
잿빛 노을 아래 기러기 나르니
아, 황홀하다
나의 보물
혼자 보기가 두려워라
세상에 널 내보내겠다

돌 꽃

천지창조가 이루어지던 바로 그날
돌 속에 꽃씨를 뿌려놓고
돌은 기뻐서 울었습니다

오대양 육대주에서
살 도려내고 육신의 뼈 갈고닦아
꽃봉오리는 꽃 피울 그날을
목 빠지도록 기다려왔습니다

아, 돌 꽃이여!
억겁의 세월
석굴에 갇히고
심연에 수장되어
애틋한 사랑을 베어내더니

오늘에서야
임의 품에 안기어 사랑을 받고 꽃을 피워
돌 꽃은 기뻐서 또 울었습니다

돌의 미학

창세기 아담과 이브가 돌 속에 사랑 심어 놓고
시공을 달려온 돌의 미학을 석인은 아느냐

수석이라는 명명을 만들기 위하여
수 성상을 성난 파도에 몸을 부대끼며
차르 르 차르 르 도글도글
몽돌의 피멍든 전설을 아시나요

심산유곡에서 천태만상으로 태어나
물과 바람과 빛의 향기로
몸과 마음을 닦아온 돌

돌은 오늘도 사랑 찾아 산과 바다와 강에서
텔레파시를 띄운다

어느 돌쟁이의 사랑

탄금대 돌밭엔 돌 꾼들
물결 물결 돛단배
어둠이 오면 부딪쳐 나누어지는 석인들
돌과 석인과의 만남은 행복과 애틋한 생이어라

어언 30성상 돌쟁이가 되어 날마다
입술을 퍼붓고 몸살을 해대던 그날 밤
꿈에 본 불새가 천년 학이 되고 용이 되고
달마선사 신선대 올라 구름 타고 주유천하
통천의 불두화 미소
문득 꿈에서 깨어난 나는 몹시도 슬퍼했다

해가 뜨고 지고 또 뜨고 지고
나의 꽃구름이여!
너와 내가 입맞춤하는 거울 속으로 날아와 보렴

열애 2

허허로운 가슴팍
철없이 오른 연민의 불꽃

구시월 팔딱거리는 태양되어
백 년
천 년

그리고 억겁의 세월까지
우슬픈 삶 갈고닦아
연인 되어 사랑 품 안는다

늘 푸른 비안도가
심장 속에 버둥거리고
빛바랜 남한강 창가에 다가와

내 마음은 오늘도
산이 되고 바다가 되고
강이 되어 십장생 그린다

어여삐 여기어 여린 가슴
애달프도록 꿈엔들 잊을쏘냐

너와 나
이 세상 끝까지 같이하고 싶어라

자화상 1

내 삶에 바람 새 내음새가 난다
인생 여정의 序曲이련가
청춘아, 무상함 탓하지 마라
차이코프스키 운명4번이 가슴을 치고
청춘의 부메랑 허공 차오르더니 중고 슬픔 쏟아져 내린다

돌멩이가 버거워 삶의 수레바퀴가 드디어
오늘은 덜커덩 멈춰 버렸다
문득 30년 달려온 길 뒤돌아본다

욕심만 줄이 줄이 꿰맨 상처투성이
전시장에서 만난 돌 꾼들이 수군거린다
김 시인도 이제는 산허리가 굽었구려
오- 호라!
돌쟁이의 철학적 카타르시스
대폭발!

제행무상

나는 항상 가을이 서러워요
겨울도 더욱 슬프고요
나는 사랑이 퐁퐁 솟은 봄이 좋아요

푸른 날 푸른 이파리에
비망록 시를 죽도록 써놓으면
언젠가 앙상한 나목 되어 날아가고 말지요
나는 항상 가을이 서러워요

수많은 돌 사연들이 강과 바닷가 산골짜기
저편에서 서성이고 있다는 것을 알지만 그날을
기약하기 무척 어렵다는 것도 잘 알아요

나에게 다가올 겨울은 더욱 슬퍼요
영원히 지워지지 않을 문학회 임들
어떻게 답례를 해야 할지 雲石의 나라는
섣달 맹추위에 가슴마저 꽁꽁 얼어붙어
내 마음속 사랑의 향기를
바람에 실려 보내줄 수 없잖아요
그래서 겨울은 너무 슬퍼요

파랑새 성산 일출봉 날다

억만년 신비함 벗고 불꽃 치며 하늘 솟아
매끈한 알몸으로 탄생되어
온 세상 경천동지할 섬 떨치우다

산 넘고 너른 바다 건너 東方의 별 따라
우정과 사랑 화합의 나래 보듬으며
만방에 무궁 불꽃 피우려고
韓中 수석 대전에 모오오두 모였습니다

돌마다 태고의 영롱한 심혼 안아 들고
빙하 속 잠든 마법의 요정 같은 石
영광의 함성 메아리 하늘 끝 피어오르고
신비경이 혈관을 파노라마 친다

오- 황홀한 돌이여
환상의 섬 遺産이여
성산 日出奉 동살 타고 꿈과 희망과 사랑을
하늘가에 뿌리는 파랑새를 우리는 보았습니다
모두 축배의 잔을 듭시다

*제주도 한중수석 대전에 즈음하여

김기성 시인의 시 세계

간운보월看雲步月, 영원을 향한 방랑의 노래

김경수
(시인, 문학비평가)

1. 들어가면서

봄은 바람이 전하는 향기로부터 시작되는가 보다. 알싸한 향기는 재채기와 콧물을 동반하며 눈을 시리게 한다.

여기저기 봄소식이 전해지지만 여전히 '코로나19'의 숨 막힘은 지금으로써는 그 끝을 짐작하기 어려울 것 같다. 봄바람의 뒤태만 바라볼 뿐 내 안에 가둘 수 없어 뼈골이 허전하다. 그래도 황량한 겨울을 이겨낸 들꽃에게 다가가 허리 숙여 그와의 소통의 장을 펼치노라면 한 시인의 고독과 그 여정의 시작을 하나하나 들을 수 있는 즐거움이 있어 그나마 다행이다. 바로 그 즐거움을 주는 분이 바로 고향의 언어를 시적 경지로 승화시킨 雲石 김기성 시인이다.

이순을 훌쩍 넘긴 시인과 함께 걸을 땐 전설 속, 심미안審美眼 소년을 만나 마음이 버블 껌처럼 두근거리기도 했다. 현실적 삶과 함께 한 그의 시력詩力은 어언 삼십 년을 넘어선다. 그 긴 시력詩力 속 파란만장한 그의 역사가 몹시 궁금했던 차에 참으로 오랫동안 묵혀온 첫 시집을 내겠노라며 해설을 부탁해 왔다. 그렇다고 그가 걸어온 인생의 자초지정을 캐묻는 것은 결례이고 그냥 그와 함께 묻어가며 그의 작품을 보며 웃고 울고 걷는 것이 지금은 행복이라 생각해 본다.

그는 70년대, 시대적 격동기를 서울 면목동 판자촌에서 보내며 살았다. 판자촌 사람들과 삶의 애환이 서려 있는 면목동 시절은 젊은 날의 격동기였다. 그래서 충무로 영화거리로 진출해 배우가 되려는 꿈도 꾸었고 첫사랑도 만났다.

또한 정치적인 시대의 격랑을 목격하고 힘들고 버티기 어려울 땐 시詩라는 친구를 껴안아 뒹굴며 암울한 시대를 견뎌오기도 했다.

그랬던 김 시인은 도시에서의 꿈을 접고 벌거숭이인 채로 고향인 정읍으로 내려가 자신만의 평생 둥지를 튼다.

멀리 기차를 바라보며 끝없는 여로를 생각하고 뜰 앞 매화나무와 도화나무를 심어 놓고 신선인 양 무릉도원武陵桃源을 걷기도 한다.

그렇다고 그가 늘 여유롭고 한가한 것만은 아니다.

콩밭에 뿌린 콩 씨를 비둘기가 다 쪼아 먹어 콩 밭에서 두 다리 쭉 뻗고 울기도 하고 하루 종일 쏟아지는 뙤약볕 속에서 얼굴이 검게 그을릴 정도로 악귀처럼 일하는 일 귀신이기도 하다. 그래서인지 까무잡잡한 그의 얼굴과 다부진 체격은 전형적인 농부의 매력적인 자태로 우리 곁에 다가오고 있다.

단란한 가정과 함께 그에게는 고양이와 염소 등 동물 가족도 있고 십수 년 전부터 수집해 오는 아주 다양한 수석도 집 안을 가득 장식하고 있다. 수석은 무생물인 돌일지라도 그에게는 함께 숨 쉬고, 즉 동고동락하는 한 식솔이라고 해도 과언이 아닐 정도로 애착이 가는 최고의 보물일 것이다. 참으로 김기성 시인은 부지런하며 순박한 시인이다. 이제 김기성 시인의 시詩의 숲길로 들어가 그의 행복스러움을 만끽해 보고자 한다. 잘 보이려고 갈고 닦은 실력이 아니라 있는 그대로 주머니에서 쑥! 내미는 그의 시詩 잔재는 조금은 투박하고 거칠지라도 겉치레 없이 홀딱 벗고 우는 새의 진솔한 노래 소리 같아 즐겁고 애잔하다. 그의 시詩를 들여다보자.

2. 나의 살던 고향은

오늘도 숫스러워지는 내 마음은
아부지의 땅에 삶을 빚고 있다

새벽이슬처럼 청초한 나의 꿈 나래
깃털처럼 도화桃花 숲 뜰에 살포시 내려앉아
바다보다 넓은 가슴으로 사랑도 심었다

힘들고 슬퍼도 흙의 후예답게 하하하 호호
타인들은 외국 여행 수없이 다녀도 나는
파란 하늘 한번 쳐다보고 호탕 피우고
그 순간 마음을 흰백으로 갈무리하고
흙의 향기 속에서

달빛으로 사랑도 빚고
달빛으로 꿈도 꾸고
달빛으로 시를 쓰며
나는 아부지의 땅에서 후회 없이 살고 죽고

– 〈내 마음은 콩밭에〉 전문

위의 시 〈내 마음은 콩밭에〉의 1연을 보면 '오늘도 숫스러워지는 내 마음은/ 아부지의 땅에 삶을 빚고 있다'고 화자는 노래한다. 많은 일이 산재해 있는 가운데도 마음은 항상 콩밭에 있음을 상기시켜주며 일상을 살아온 것 같다. 여기서 콩밭은 고향을 일컫는 말일 것이다.

인간은 늘 근원으로 돌아가 평안한 휴식을 취하기를 갈망한다. 근원은 태어난 고향이고 뿌리이다. 그 뿌리의 풍요로움은 모든 짐을 내려놓고 앉아 기댈 수 있는 상서로운 기운이 가득 찬 최후의 보료인 것이다.

작품 2연의 2, 3행에서는 '깃털처럼 도화桃花 숲 뜰에 살포시 내려앉아/ 바다보다 넓은 가슴으로 사랑도 심었다'라며 아버지가 그랬던 것처럼 화자도 넓은 가슴으로 아버지의 땅에 뿌리를 내렸다고 볼 수 있다. 그리고 3연에선 고향에서 묵묵히 삶의 터전을 일구는 또 한 명의 진정한 농부를 우리는 만나게 되는 것이다. '달빛으로 사랑도 빚고/ 달빛으로 꿈도 꾸고/ 달빛으로 시를 쓰며'(4연 1, 2, 3행)라고 노래한다. 고향의 달빛으로 빚는 사랑과 꿈과 시詩는 그와 함께 무르익어 그의 삶과 고향을 찰지고 윤택하게 만들 것이다.

또 다른 그의 작품 〈복분자와 꽃뱀〉에서는 '젊은 아낙네가 복분자 골에서 시름을 한다/ 6월 뙤약볕에 겉옷이 한 겹 떨어져 나가자/ 상큼한 천도화가 금방 터질 듯 대롱대롱/ 속살 비치는 꽃송이가 하늘밭에 뿌려졌다'(1연 1, 2, 3, 4행)라고 노래하고 2연 1행 '아낙은 능란한 솜씨로 두럭을 탔다' 3연 1, 2, 3, 4, 5행에서는 '귀여운 꽃뱀이 또 허물을 벗는다/ 새하얀 금사로 짠 비로도 최고급 육면체/ 마법사의 손 따라 꽃뱀이 우아하게 춤을 춘다/ 오십 년하고 한해를 더 가꾸어온 어여삐 한/ 내 꽃뱀이다.' 여기서 '복분자와 꽃뱀'의 두 조합은 기상천외하게 잘 어울려 하나의 불덩어리로 타올라 사랑의 연막탄을

쏘아 올리는 교향곡의 도입부라 할 수 있을 정도로 충격적이다. 진홍빛 딸기 숲에서 몸을 말리는 꽃뱀, 그 간드러진 유혹은 불손을 넘어선 위대한 사랑을 알리는 서약임을 인지할 수 있는 것이다.

존 릴리는 '결혼이란 하늘에서 맺어주고 땅에서 완성되는 것'이라고 말했다.

인간은 사회적 동물이면서도 참으로 고독한 존재다. 그러기에 평생을 기대고 나눌 수 있는 반려자를 구하고 사랑을 나누면서 생을 살아간다는 말이 새삼 가슴 깊이 다가오는 대목이다.

그의 작품 중 〈농부는 밥이다〉를 보자. 산업의 발달에 따른 긍정과 부정의 상충을 통해 땅을 대신하여 현실을 고발하고 있다. 이를테면 시속 310킬로미터로 달려와 세상을 초토화시킬 태풍의 위력과 무분별 난개발과 산업 폐기물, 이상 기온으로 녹아내리는 만년설을 조마조마하게 바라보며 농부는 땅을 치며 가슴을 졸이고 있다. 땅은(농사) 그에게 무한한 선이자 행복이며 자연과 동고동락하며 얻은 김기성만의 시의 길로 가는 비밀의 문이기도 하기에 더욱 안타까워한다.

흙에서 와서 흙으로 돌아갈 존재인 인간의 영원한 본향은 바로 흙이다. 대가도 없이 누리는 자연의 디딤돌인 대지에 발 딛고 서서 몸살을 앓고 있는 인간에게 재앙으로 닥칠지도 모르는 4차 산업 혁명은 지극히 순수한 녹색의 혁명이기를 농부는 기원할 뿐이다.

3. 폭풍의 언덕

-1연 생략

대흥리 고속전철 공사하는 다리 밑 냇갈
삼십여 도 불볕 아래 물고기들 반란이 시작되었다
읍내에서까지 시오리를 올라온 수많은 물고기들
청옥수가 붉게 물든 오염된 물속에서 어찌 살라꼬
허공에 진한 삶을 뻐금뻐금 거렸다

노익장 잉어 펄쩍 허공 날아 신작로에 모로 누웠다
자라 메기 붕어 뱀장어 엉금엉금 기어올랐다
삶을 초월한 말간 눈동자엔 서글픔이 대롱거렸다
백 년 천 년의 후대를 위하여!
아름답고 거룩한 사랑이어라!
밤이 다 하도록 진등길 콘크리트 다리 위엔
소망의 붉은 꽃이 애절하게 피어났다

–〈거룩한 사랑〉 부분

위의 시 거룩한 사랑에서 '대흥리 고속전철 공사하는 다리 밑 냇갈/ 삼십여 도 불볕 아래 물고기들 반란이 시작되었다/ 읍내에서까지 시오리를 올라온 수많은 물고기들/ 청옥수가 붉게 물든 오염된 물속에서 어찌 살라꼬'(2연 1, 2, 3, 4행) 절규하고 있고, 3연 1, 2행에선 '노익장 잉어 펄쩍 허공 날아 신작로에 모로 누웠다/ 자라 메기 붕어 뱀장어 엉금엉금 기어올랐다'라고 실제의 상황을 전해주고 있다.

천재지변은 어쩔 수 없는 일이라고 해도 고속전철을 놓기 위해 다이너마이트로 이산 저산을 폭파하는 인위적인 일들이 비일비재한 요즘, 이런 일이 아마 화자의 고향에도 어김없이 찾아 든 모양이다.

유명한 명산, 영산의 숨통을 조이고 물줄기를 돌리고 허리를 끊어놓고 하는 현실을 보며 공사 현장으로 뛰어들어 화자는 목소리를 높인다. 그리고 폭발음에 놀라고 둑이 무너지고 청옥수가 붉게 변하자 노익장

들까지 팔을 걷어 부치고 나선다. 천만 년 후손에게 물려줄 아름다운 고향의 유산을 지키기 위해 필사적 항의하는 모습을 리얼하게 묘사하며 인간의 손에 의해 훼손된 자연의 재해를 화자는 고발하고 있다.

다음은 〈삼세번 죽었을지라도 다시〉의 작품을 보자.

일천구백칠십오 년 섣달 새벽 2시 용마산 달동네
천막촌에 피어난 화마가 새벽하늘을 화려하게 수놓았다

내 청춘의 피날레 혼, 詩作이 활활 타오른다
내 영혼이 화마 속에서 절명을 내질렀다
나는 죽소, 내가 죽소
나와 네가 죄다 타 죽으이

현세에 못다 필 혼탁한 시詩여!
이토록 어지러운 세상에서 혼탁하게 써진
내 필혼이여!
어쩌다 암울한 시대 태어난 나의 갑甲 시詩여!
너와 난 불운의 동행자일 뿐이다

-생략

이토록 혼탁한 세상에서
죽도록 써진 내 필혼이여
너랑 나랑 죽어버리자

– 〈삼세번 죽었을지라도 다시〉 부분

이 시는 김기성 시인이 45년(1975년) 전에 쓴 작품이다. 새벽 용마산 달동네에 큰불이 났다. 그 화마에 죽지 않고 다시 살아난 시대에

대한 절실한 체험의 증언을 시적으로 승화시킨 내용이다. 당시만 해도 서울 변두리 곳곳에는 판잣집으로 대변되는 달동네가 참 많았다. 당시에는 경제적으로는 세계 최빈국의 순위에서 머물고 있었던 시기였다. 대중음악마저도 정치적 음색을 요구했고 노래를 부른 가수들은 노래 가사가 불손하다 하여 감옥에 투옥되기도 했던 암울하고 희망이 불타버린 시기였다. '내 청춘의 피날레 혼, 詩作이 활활 타오른다/ 내 영혼이 화마 속에서 절명을 내질렀다/ 나 죽소 내가 죽소/ 나와 네가 죄다 타 죽으이'(2연 1, 2, 3, 4행)라고 하며 화자는 시詩라는 화마를 껴안고 고뇌하며 통곡한다. 그러면서 그는 암울하고 어두운 회색빛 용마산 달동네 골방에서 시詩라는 화두를 잡고 불철주야 씨름하며 그의 시혼詩魂을 불살랐다.

공자가 위정을 논하다가 시경에 대해 이야기하는 대목이 있다. '詩三百 一言以蔽之 思無邪'(詩, 삼백 편을 정리한 것은 사람들의 생각에 사악함이 없도록 하기 위한 것)이라고 말한 것이다. 실제로 공자는 자기의 아들에게도 시詩를 익히도록 했다고 한다. 들끓는 시혼詩魂으로 내면을 감당하기 힘들었던 이 순수하고 밀알 같은 청년은 아마도 자신을 수양하기 위해 지난한 시간과의 사투를 벌이며 수정처럼 맑아졌을 것이다.

다음은 그의 시, 〈폭풍의 언덕〉을 살펴보자.

'얼음 빛 고독 시간은 지저地底의 왕국으로 묻혀가고/ 아스라이 지축을 흔들며 내일을 향해 달려오는/ 풀잎들의 함성이 있다'(1연의 4, 5, 6행) 여기서 언급한 '얼음 빛 고독 시간'이라 함은 분명 시마詩魔에 푹 빠지고 홀려서 더 이상 호흡할 수 없는 지경에 이르렀다고 볼 수 있음을 말한다. 얼음 빛 고독은 비수와 같아서 자신을 해할 수 있는 무기가 된다고 볼 수 있다. 사춘기 독수리의 태양을 향한 무모한 도전! 그 도전으로 인해 시력을 잃을지라도 끝까지 비상하는 독수리의 인내와 끈기와 고뇌를 생각해 본다. 여기 피 끓는 심장의 박동소리를 닮은 젊은 문학도인 화자! 그러나 화자는 자신의 활화산 같은 시마詩魔를 향한 방황을 차츰 가슴에 묻고 마지막 인생의 종점을 푸른 풀잎들의 함성이 들리는 곳으로 향한다.

'폭풍의 언덕 풀잎 사랑 파랑새/ 천년 거목 휘감고 부스스 몸 떨다/ 시간은 혼돈으로 잠시 멈출 때도 있거늘/ 내 청춘은 앞만 보고 줄달음쳐왔다' (2연의 4, 5, 6, 7행)고 고백한다.

이제는 가야 할 안식처가 정해진 화자, 긴 시마詩魔로 인한 방황의 끝자락. 독수리처럼 앞만 보고 달렸던 청춘의 뜨거웠던 심장! 화자는 그 심장을 진정시킨 다음 십이 열차에 몸을 싣는다.

'야간 도시를 떠난 십이 열차가 고향 플랫 홈에 들어섰다/ 한 해, 두 해, 10년, 꿈 보따리가 마구 쏟아져 내린다/ 나는 그들에게 들려줄 얘기가 참 많이도 있다'(3연 1, 2, 3행)고 얘기한다.

아마도 화자는 오늘도 수많은 이야기보따리를 풀어헤치며 옛 시절, 옛 이야기로 천일야화를 쓰고 있을 것이다.

4. 겨울 나그네

몇몇 정치꾼들 오늘도 국민들 우롱하고 있지요
당신하고 당신 그리고 줄을 선 당신까지도
언변의 잔해 독설은 빈 깡통 터지는 요란스러움뿐

밥그릇 챙기려고 직분의 양심은 전당포에 말아먹었다

꿈을 먹던 태양의 후예들 다 어디로 갔을까
공황의 도시 광화문 한복판에서
시민들은 양파 껍질을 벗겨가고 있다

우렁차게 들려오는 시민들의 함성과
만경창파 저 풀잎들의 외침을 보라
민주화를 부르는 꺼질 줄 모르는 촛불
분명코 차이코프스키 비창 3악장이다
저 들녘에 가막새가 넋을 놓고 울지 않느냐
어제의 풀잎들은 돌부처지만, 큰 북을 친다
오늘은……

– 〈공황恐慌〉 전문

공황이란, 인간의 심리상태에서는 극도의 불안감이나 우울로 인해 마음이 불안정한 상태에 빠지는 것을 의미한다.

또 다른 공황상태란, 전반적인 경제체제에서 볼 때 생산과 소비의 균형이 깨지면서 산업 침체와 더불어 일자리가 줄어들고 대다수의 실업자가 생기는 등. 사회가 급격한 혼란에 빠져드는 것이라고 볼 수 있다. 아무튼 공황이란, 극도의 혼란임에는 틀림없다.

화자는 그의 시에서 '몇몇 정치꾼들 오늘도 국민들 우롱하고 있지요// 언변의 잔해 독설은 빈 깡통 터지는 요란스러움뿐/ 밥그릇 챙기려고 직분의 양심은 전당포에 말아먹었다'(1연 1, 3, 4행)라고 독설을 퍼붓는다. 인간이 인간을 배척하고 정치꾼들은 모사꾼으로 변해 진실과 거짓을 호도하고 피격하고 피격 당하는 살얼음판 같은 세상에서 대적할 수 없음을 난감해 하고 있다.

같은 시 2연을 보면 '꿈을 먹던 후예들 다 어디로 갔을까/ 공황의 도시 광화문 한복판에서/ 시민들은 양파 껍질을 벗겨가고 있다'라고 전한다.

관중 없는, 민중 없는 텅 빈 광장은 고요가 아닌 적막의 블랙홀처럼 드넓고 황량해 불안에 휩싸일 수도 있고 보는 이로 하여금 극도의 공황 상태에 빠져들 수도 있다. 하지만 목청 돋울 수 없는 민중들은 기다리고 기다리며 희망을 끈을 놓지 않고 있다. 양파 껍질을 벗기고 벗기듯 인내로 상황을 다스리고 있다고 볼 수 있다. 진실의 속살을 만날 수 있을 때까지- 그리고 3연을 보면 드디어 민중의 함성을 들을 수 있다.

'만경창파 저 풀잎들의 외침을 보라/ 민주화를 부르짖는 꺼질 줄 모르는 촛불/ 분명코 차이코프스키의 비창 3악장이다// 어제의 풀잎들은 돌부처이지만 큰 북을 친다.'(3연 2, 3, 4, 6행)라며 목청을 돋운다. 밟아도, 밟아도 소리 없이 쓰러지다 다시 일어서는 민중들! 이제는 기다림의 끝을 딛고 그들이 나선다. 큰 북을 치며 거짓과 위선이 난무하는 공황의 바다에 차이코프스키의 비창 3악장처럼 포효하듯 들불처럼 일어나 행진할 것이다.

다음은 그의 시 〈자화상 2〉를 보기로 하자.

밤의 정령이 헐떡거리며
고독의 징검다리 건너왔다

세월의 갈피 속에
태양 같은 열정

피 터져 오르고

땅속에 잉태한 숭고한 씨앗은
봄 오면 움터 오르지만
내 열망의 씨앗은 어언 40여 년
언제나 꽃봉오리 터뜨릴까

내일 사랑을 하기에 우-슬픈 내 모습
고함을 쳐 본다
청춘이여!

-〈자화상 2〉 전문

유난히도 화자는 고독에 몸부림치는 청춘의 강을 건너고 있는 것 같은 생각이 든다.

위의 시 1연 '밤의 정령이 헐떡거리며/ 고독의 징검다리 건너왔다' 2연 '세월의 갈피 속에/ 태양 같은 열정/ 피 터져 오르고'라고 고백한다. 일본의 사이토 타가시는 "사람은 혼자일 때 성장한다'고 말했다. 심장의 더운 피는 역류할 기세로 펄펄 끓고 가슴은 칼 끝 같은 얼음 덩어리를 품고 포효한다. 얼마나 더 철저히 고독해 져야 하는가!

3연의 1, 2, 3행 '땅속에 잉태한 숭고한 씨앗은/ 봄 오면 움터 오르지만/ 내 열망의 씨앗은 어언 40여 년'의 노래처럼 뿌려진 땅속의 씨앗은 봄 오면 한 뼘씩 자라 저마다의 모습으로 세상에 선보인다. 하지만 40여 년을 씨 뿌리고 가꾸어 온 자아의 성숙된 모습은 언제쯤 최상급 모습으로 세상에 선보여야 할지 몰라 한다. 4연을 보면 '내일 사랑을 하기에 우- 슬픈 내 모습/ 고함을 쳐 본다/ 청춘이여!'라며 목청 찢기어 나가듯 울부짖는다. 불 속에 뛰어든 불나비처럼.

5. 고독, 그 여정의 끝

고독은 나의 45년 지기知己이오
만하晩夏 암 매미 비창에 실려 떠났다
겨울비 연민의 시詩 피어나는 밤 불쑥 찾아오는
술에 물 탄 듯 맹물 같은 친구이오만
내 문학의 고적함 꽤 다정스럽게 적셔주는
참 벗이라오

귀뚜리 갈바람에 만삭된 달 홀연히 타고 와
시상의 뜰에 살포시 내려앉아
나와 술잔을 기울이며 밤도 재우더니
내 비수의 잔 채워놓고 동살 채 트기 전
홀연히 떠나갔습니다

나의 첫사랑 지기知己여 대엿새 뒤
토피와 다나가 남쪽 먼 바다에서
광풍 노도 몰고 오거든 다른 곳 새지 말고
이른 새날부터 밤이 다 피도록
내 복분자 주로 삶을 노래하고
시심詩心의 잔 가득 채우자
참 벗이여

-〈고독은 맹물 같은 벗-고독5〉 전문

고독은 시인들에게는 지극히 매력 있는 단어다. 고독! 그 혼자만이 누리는 복병의 세계는 사고의 풍요를 제시하며 내일의 성숙을 가져다 줄 것이 자명한 사실이기 때문이다.

우리가 명상을 할 때 보통 눈을 감고 하지만, 실눈을 뜨고 명상을 할 때 최고의 몰입을 가져올 수 있다고 한다. 눈을 감으면 수천, 수만 가지가 보인다. 하지만 실눈을 뜨면 한두 가지의 사물만 눈에 희미하게 들어올 뿐이다. 그런데 여기서 맹물은 전자에 속한다고 볼 수 있다. 맹물은 단수가 아니라 복수의 형태로 다가와 쓰나미 같은 실체로 화자의 시심을 흔들어 시의 사고를 끝없이 제시해 주고 있다. 2연의 '살포시, 밤도 재우더니'는 역설의 눈으로 보면 흥미로울 것 같다. 모두 고요로 눌러놓고 있고 또 2연 4행에서는 '비수의 잔 채워놓고'라고 실토한다. 그러나 화자의 그 비수의 잔 속에는 수많은 시詩의 주제가 몸살을 치며 밤을 지새우고 있을 것이다.

마지막 3연의 3행에서는 '광풍 노도 몰고 오거든 다른 곳 새지 말고'라고 언급하며 어떤 최악의 상황이 온다고 해도 시와의 연을 놓지 않을 것임을 확고히 하고 있음을 보여주고 있다.

다음은 시집 제호이기도 한, 〈고독, 그 여정의 끝〉을 만나보자.

나는 오늘날까지
지구 행성 인사이드 판타지를 꿔대며 원초적으로
꿈속에서 짓눌리고 억압받고 학살을 당하며 강산이
네 번이나 바뀌도록 청춘의 심장은 숨 한 번
다독이지 못하고 은하계를 떠도는 풍진 성좌야 했다

뜰 앞 복분자 샛노랗게 아롱진 이파리 한 잎
내 동편 창가에 사뿐 내려앉아
홀로 서럽게도 밤을 지새우더니
동살 트기 전 갈바람 타고 먼 여행을 떠났다

찬연한 태양은 황야 한 들판에 햇살 피우고

나는 아부지의 땅에
흙과 풀잎들의 속삭임에 시심詩心을 불살랐다
어제도 그랬고 오늘과 내일, 죽는 그날까지
여태 것 궤짝 속에서 잠자던 때 구정 저린 시첩詩帖
어언 45 성상
그 허물을 벗겨야 할 순간이다
저 광활한 구주九州*에 발자국 꾹꾹 새기리라

– 〈고독, 그 여정의 끝-고독10〉 전문

위 시에서 '꿈속에서 짓눌리고 억압받고 학살을 당하며 강산이/ 네 번이나 바뀌도록 청춘의 심장은 숨 한 번/ 다독이지 못하고 은하계를 떠도는 풍진 성좌야 했다'(1연 3, 4, 5행) 여기서 화자의 피 끓는 청춘의 강은 천둥과 번개를 동반한 태풍전야의 우렛소리로 다가온다. 천 길 우물 같은 그의 사고는 늘 긴장이 멈추지 않아 호흡곤란이 왔을 것이다.

이처럼 격랑의 해일이 늘 제방을 때리고 부숴도 그의 건강한 사고의 중심은 흔들림이 없다.

같은 시 2연 3, 4행에 '홀로 서럽게도 밤을 지새우더니/ 동살 트기 전 갈바람 타고 먼 여행을 떠났다'라고 알려준다. 이처럼 이튿날이면 갈바람 타고 먼 여행을 떠나기에 제방은 무너지지 않고 건강한 의식을 간직할 수 있었을 것이 분명하다. 숨이 멎을 듯 요동치는 청춘의 내면은 외면과 판이하게 다른 초 긍정의 마인드로 여행을 즐기며 자신을 제어하고 있음을 알 수 있다. 또 3연 2, 3행을 보면 '나는 아부지의 땅에/ 흙과 풀잎들의 속삭임에 시심詩心을 불살랐다'라고 전하고 있다.

고독! 그 살얼음판 위에 놓여 진 아슬아슬한 내면의 아우성? 아님 적막? 아님 고요를 안고 천 길 물속으로 추락할 즈음 화자는 긴 여행을 끝내고 고향 아버지의 땅에 고단한 짐을 부리게 된다. 또한 '여태껏 궤짝 속에서 잠자던 때 구정 저린 시첩詩帖/ 어언 45 성상/ 그 허물을 벗겨야 할 순간이다/ 저 광활한 구주九州에 발자국 꾹꾹 새기리라'(3연 5, 6, 7, 8행)라고 당당히 노래한다. 성상 45지기 잠자던 시첩詩帖을 가슴에 안고 구주九州 광활한 아버지의 땅 고향, 곳곳에서 허물을 벗는다. 시심詩心이라는 화마를 가슴에 고이 모셔 오기까지 화자의 지난한 여정을 생각하면 질풍노도의 강을 건너 왔을 것이 자명한 사실로 다가온다.

고독, 그 여정의 끝! 어둠의 목적은 빛을 불러오려 함이고 누워있던 칼의 목적은 일어나 베어야 함에 목적이 있고 끝은 시작이라는 선물을 주기 위함에 목적이 있다고 말할 수 있다.

이제는 끝이 아닌 시작으로 아버지의 땅에서 시詩의 화마를 불사르고 있을 화자를 생각해 본다.

6. 아름다운 흔적

이곳에서는 달동네 애환 연작으로 〈달동네 애환-아름다운 흔적1〉이라는 부제를 쓰고 있다. 1970년대 초, 답십리와 면목동 중랑천 일대 천막촌을 배경으로 그곳에 기거하면서 겪은 민초들의 고단함을 추억하고 있다. 1연에서 〈달동네 애환-아름다운 흔적1〉을 보면 1연 '일천구백칠십사 년 십이월 그해 겨울은/ 동지섣달 내내 진저리나게도 추웠다'라고 들려준다.

볼이 떨어져 나갈 정도로 매서운 칼바람과 문고리에 손바닥 쩍쩍 얼어붙고 대문도 없어 문 열면 바로 이웃집이었던 그 시절, '온갖 하류 바람에 시달린 발 품팔이 민초들/ 전쟁용사 외팔이 박씨, 목다리 미순 삼촌/ 문둥 허씨, 똥 푸는 곰보 팔불 씨 등/ 밤마다 얼음장 같은 평상에 쭈그리고 앉아/ 얼음이 동동 떠 있는 이빨 시린 탁주 한 사발에/ 땡땡 언 곰삭은 깍두기 한 개 달랑 넣고 어그적.'(2연 3, 4, 5, 6, 7, 8행) 이라는 표현을 통해서 알 수 있듯이 당시 사회에서 냉대 받던 최하층 서민들이 찾아든 달동네 쪽방촌의 이야기를 그대로 들려주고 있다. 막걸리 한 사발에 서로 정을 나누고 허심탄회하게 허기진 넋두리의 꽃을 피우는 이웃이 있어 그나마 행복했을 것이다.

이어 3연을 보면 '썩을 놈의 시상/ 죽을까/ 말까/ 천호동 광나루로 갈까/ 젓가락 장단에 흥 오르면/ 각자가 18번 한 곡씩 뽑아내고/ 한바탕 눈물을 손등으로 훔치더니 썩은 이 뿌드득/ 새끼들 위해 오기로 살아야지 암, 그러세// 모두가 내일의 태양에 꿈 실었다'로 마무리 한다.

'내일은 내일의 태양이 뜬다'라는 말은 희망과 용기를 준다. 절망과 희망이 교차되는 이들의 넋두리를 보면 서두는 앞날이 깜깜한 절망의 넋두리였다가 말미는 희망을 향해 다시 일어서는 모습을 볼 수 있다. 이웃 간의 끈끈한 정은 버팀목이 될 수도 있어 그 힘을 바탕으로 그나마 남아있는 썩은 이 뿌드득 갈며 다시 일어서는 민초들의 들풀 같은 근성을 잘 대변해 주고 있다. 그럼 다음 시를 살펴보자.

> 40년 전 종로 3가 피카다리와 단성사 극장 앞
> 지하 엘파소 심야 음악다실에 가면 단골이라고 DJ는
> 나의 애창곡 '가방을 든 여인' 틀어주곤 했다.
>
> 오늘 밤 문득
> 심혼을 적셔오는 추억의 입자가 살랑거린다

유토피아에 살고 있을 첫사랑 향기다

천변 복사꽃도 첫사랑을 닮아
그날처럼
서래봉 꼭대기로 두둥실 차오르고
찻잔 속에 별빛 찰랑찰랑 속삭이는데

울고 싶어도 울지 못하고 사랑한다고
고백할 수조차 없는 조각난 시간 속
댕기머리 첫사랑이 밤이슬에 젖는다

– 〈댕기머리 소녀-아름다운 흔적 10〉 전문

1970년대 초에는 지금의 카페 격인 다방이 골목마다 차지하고 있었다. 그리고 DJ가 있는 곳은 소위 음악 다실이라고 부르며 젊은 연인들의 아지트가 되곤 했다. 그 시절 을지로 입구의 타임다실도 꽤나 유명한 곳으로 소문나 있었다.

작은 메모장에 노래 제목을 적어서 DJ에게 주면 장발머리를 한 멋진 DJ가 윗트 있는 말과 함께 LP 판을 돌리며 노래를 들려주곤 했었다.

아마 화자도 복사꽃 닮은 댕기머리 소녀와 그 다실에서 사랑을 키우며 연정에 취해 있었을 것이다. 40여 년 전, 지금은 은은한 향기로 남아있는 첫사랑을 소환하며 추억에 젖어보는 것도 이제는 과분한 행복일지도 모른다. 만인들의 수줍은 이름 첫사랑, 부디 거룩한 이름으로 간직하길 바라며 다음 시詩를 만나보자.

그의 시, 〈나는 장돌뱅이-아름다운 흔적 18〉를 보자. 1연의 1, 2행을 보면 '일천구백칠십삼 년 춘삼월 면목7동 시장/ 쫓고 쫓기는 인생 참 많기도 하구나'라고 하며 그 대열에 합세하고 있는 자신을 돌아본다. 번듯한 상가건물 하나 없던 그 시절. 객지 오일장을 찾아다니며 좌판이나 리어카 또는 자전거에 물건을 싣고 장사를 하는 사람들을 장돌뱅이라고 칭했던 때였다.

읍내에서 단속이 나오면 번개 같이 판을 접고 줄행랑을 쳐야지 잘못하면 그들의 의해 물건이 압수당하거나 좌판을 뒤엎는 발길질에 물건이 다 날아가 흙속에 뒹굴 때도 다반사였던 시절이었다. 그래도, 시, 2연의 1, 2행을 보면 '너른 공터 울릉도 호박엿, 각시춤에 바닥나고/ 리어카 회전목마는 아이들에게 비행기 표를 판다'라며 단속 중 좌판에서 엎어진 절망의 늪에서 다시 일어나 젓가락 장단에, 한편에선 각설이 타령을 질펀하게 부르며 희망의 티켓을 손에 쥐어본다.

이어 계룡산에서 이십 년 수련한 용하다고 소문난 계룡산 도사와 복권 한 장 사들고 정갈한 몸으로 요행을 기다리는 맹순 네는 미워해야 미워할 수 없는 우리의 이웃이고 서로 보듬어야 할 대상으로 다가온다. 여기에 동네의 이소룡으로 불릴 정도로 소문 자자한 더벅머리 숫총각인 화자는 '한갓 까치 옷 파는 풍뎅이 인생이어라'(4연 2행) 라고 실토한다.

장돌뱅이 풍뎅이 인생! 시골의 오일장, 시장 한복판을 시끌벅적 들띄워놓고 홀연히 사라지는 바람 같은 더벅머리 숫총각, 그가 몸을 누이고 평안히 안주할 거처를 찾아 길을 나서고 싶은 마음 간절하다.

7. 내 마음을 훔쳐낸 여자

4월 도화가 흐드러지던 그날
허공에 불쑥 그려진 그 여자의
눈빛은 남달랐다

귀여운 매는 사냥감을 낚아채
욕망의 날개를 갈무리했다
행동 마음 씀씀이도 변했다
엄마처럼 포근하고 누이처럼 다정하고
연인처럼 달콤했다

나는 까만 두 개의 흑진주에 반해
첼린저 심연 속으로 침몰되어 버렸다
정녕 진주는 나를 위한 보석이었다
보석은 귀엽고 사랑스러웠다
그 여자가
내 마음을 훔쳐낸 지 퍽이나 오래인 듯
오늘 그녀의 눈빛이 남달랐다

-〈내 마음을 훔쳐낸 여자〉 전문

도화가 흐드러진 무릉도원에서 1연 2, 3행 '허공에 불쑥 그려진 그 여자의/ 눈빛은 남달랐다'고 그날을 기억하는 화자는 그녀의 매혹적이면서도 저돌적인 눈빛에 정신을 빼앗겼을지도 모른다. 그리고 '귀여운 매는 사냥감을 낚아 채/ 욕망의 날개를 갈무리했다/ 행동과 마음 씀씀이도 변했다/ 엄마처럼 포근하고 누이처럼 다정하고/ 연인처럼 달콤했다' (2연 1, 2, 3, 4, 5행)고 추억한다. 이처럼 가슴에 들어온 인연은 귀하고 소중해서 그녀는 모든 것을 엄마처럼 누이처럼 연인처럼 사랑으로 가슴에 품는다. 그야말로 최고의 헌신적인 사랑의 전주곡이 귀 막아도 들려올 것만 같다.

터키의 격언에 '사랑은 노예를 황금빛 왕자에 앉힌다.'라고 했다. 이처럼 기적과도 같이 찾아온 천상의 여인은 진실한 사랑을 위해 타오르는 불꽃으로 자신을 희생할 결심을 한 모양이었다.

'나는 까만 두 개의 흑진주에 반해/ 챌린저 심연 속으로 침몰되어 버렸다/ 정녕 진주는 나를 위한 보석이었다.'(3연 1, 2, 3행)고 당당히 고백한다.

유명한 3명의 여신이 있다는 그리스 신화가 있는데 지혜의 여신인 아테네와 여신의 주관자인 헤라 그리고 사랑과 미의 여신인 아프로디테 이가 그 주인공이다. 아마도 화자의 연인은 아프로디테가 아닐까 싶다. 그녀의 검고 깊은 매혹적인 눈매에 도발적인 매력을 지닌 그 여자에게 침몰 되어버린 화자! 진정 화자는 여신격인 그녀에게 황금사과를 바쳐야 하지 않을까 생각해 본다.

다음 작품은 〈얼마나 더 아파야-내 그녀의 병상일지 4〉를 만나보자.

갑작스럽게 찾아온 아내의 병마를 소개하며 당황해 하고 있는 1연의 1, 2행 '내 가녀의 척추 1번과 12번 골절에 세균감염 이레째/ 오늘 새벽녘 증기기관차처럼 저돌적으로 돌진해왔다'며 화자는 화들짝 놀란다. 알 수도 없는, 낯선 바이러스의 침투는 아내의 몸을 종횡무진하며 고통의 도가니로 몰아넣었고 드디어 그 병균의 이름이 밝혀진다. 2연의 1, 2행을 보면 '드디어 오늘 대학병원에서 놈의 정체가 밝혀졌다/ 황색포도알균 사망 95% 24시간만 늦었더라면 결과는' 이라고 적는다. 경행록을 보면 "내일 아침에 일을 저녁때에 꼭 기약할 수 없고 저녁때에 일을 포시晡時(오후 3~5시)에 꼭 기약할 수 없다고 했다. 사람의 일은 언제 어느 때 무슨 일이 일어날지 아무도 모르는 일인 것이다. 화자에게는 여신과 같은 존재인 그녀에게 찾아온 황색포도알균이라는 병원체는 들어보지도 못한 존재일진데 말이다.

황색포도알균은 콩팥이나 간, 중추신경계에 병을 일으키며 피부의 상처나 호흡기를 통하여 감염될 수도 있다고 의학서적에 명시되어 있다. 그리고 그 병마로 인해 '가녀는 고통을 잊기 위해 악녀로 변해 갔다'라고 실토한다.

이처럼 부제, '그녀의 병상일지 4'는 병마와 사투를 벌이는 아내의 모습을 보며 쓴 시詩라고 볼 수 있다. 골수를 녹이는 연인의 통증을 보며 그 고통을 대신해 줄 수 없음을 적나라하게 표현해 시詩를 읽는 이로 하여금 고통이 이입되어 몸살을 치게 만드는 시詩, 즉, '그녀의 병상일지'는 고통의 노래였다고 말할 수 있다.

8. 판타지, 꿈의 미학

동짓달 길고도 깊은 밤 꿈 게이트가 험준한 준령
萬長의 협곡 위에 대롱대롱 매달려 있다 하늘 아래는
짙은 운무에 쌓여있고 賢者가 구름 위에 앉아있었다
나는 그 옛날 아부지 지게 바작만 한 독수리의
등에 올라 주유천하 길에 올랐다

그는 오공의 분신이엇다
나는 중원의 하늘을 휘젓고 다니며
天王峯 붉은색 화강암 병풍 벽에
제법 통통한 보릿단 붓으로
순수의 詩心을 마구 풀어 놓기 시작했다
도인도 아니고 그림쟁이도 아닌 내가
판타지 왈, 시성님 주유천하라
꿈이란 녀석은 샤머니즘이야
흥흥……

-〈샤머니즘의 세계다-판타지 꿈의 미학 2〉 전문

샤머니즘이란 의식이나 무의식 상태에서 그 어떤 신령이나 정령들을 불러들여 제례의식을 치러주거나 예언 등을 해주는 것이며 여기서 샤먼, 즉 무당? 들은 점을 쳐 치료를 해주는 일 등을 담당했다. 각 나라의 토착신앙으로 자리 잡은 샤머니즘은 우리나라 조선시대에서는 유교가 활성화되면서 천대 받기도 했다.

화자의 정신세계를 들여다보면 '동짓달 길고도 깊은 밤 꿈 게이트가 험준한 준령'(1연 1행) 이라고 한다. 그곳에 만장의 협곡 위에 현자가 구름 위에 앉아 있는 걸 본 화자. 그는 곧 커다란 독수리 등에 올라 주유천하 유람 길에 오른다. 그의 사고는 늘 열려있어 어디든 가고 무엇이든 생각하면 행동에 옮기는 멈추지 않는 열린 사고를 가지고 있었다. 가슴은 사춘기 소년처럼 늘 방망이질 쳐 그에게는 불가능이라는 건 있을 수 없는 일이다.

그는 늘 불가능한 걸 가능케 하기 위하여 꿈을 꾸었고 모든 해답은 꿈에서라도 얻고야 만다.

'나는 중원의 하늘을 휘젓고 다니며/ 天王峯 붉은색 화강암 병풍 벽에/ 제법 통통한 보릿단 붓으로/ 순수의 詩心을 마구 풀어 놓기 시작했다'(2연 2, 3, 4, 5,행)고 토로하며 꿈의 날개를 달고 일필휘지一筆揮之, 그의 시마詩魔는 비상한다. 내면의 들끓는 시마詩魔는 용암 같아서 분출구를 찾아야만 견딜 것이고 그것이 화자의 존재 이유가 될 것이다.

한편, 요셉의 꿈 해몽은 하나님에게 있고 프로이드의 꿈 해몽은 꿈과 정신, 꿈과 육체와의 상충된 관계를 보며 데이터를 낸 정신분석학적인 해몽을 내놓는다고 한다. 그러나 화자는 망상과 공상과 착각의 현란한 세계가 그의 정신세계와 충돌하려 하는 가운데서도 그 중심의 핵에는 아름답고 뜨거운 용암과 같은 수천 도의 시심詩心이 있었기에 맑고 순수한 순백 판타지의 세계로 여행을 할 수 있지 않았나 생각된다. 즉, 판타지의 세계로 들어가 정신이 몰입되어 시공을 초월한 주유천하周遊天下의 세계로 넘나들었다고 볼 수 있는 것이다.

그리고 그의 시, 〈시인은 순백하다-판타지 꿈의 미학 3〉에서처럼 화자는 어려운 시절을 보낸 상황을 이야기하고 있다. 1970년대 초, 어둡고 우울하고 힘든 시기라 해도 부디 순백의 그의 시심詩心은 훼손되지 않기를 바라며 이왕이면 여의주를 문 이무기가 되어 시詩의 완성도를 높인다면 문학적 시심詩心의 가치는 한층 더 높아질 것이다.

9. 어느 돌쟁이의 사랑

비안도 정가로운 바닷가
만추의 노을빛
칼바위와 불새 한 마리
푸드득 내 품에 안겼다
나는 펌프질하는 심장 다독이며
가슴에 안아본다

아, 그 불새다
십수 년 전
슬픔을 방울방울 태우며
초승달빛 속으로 떠났던 불새

붉은 노을빛 아래
담홍빛 자태 피우며
제2의 불새가 칼바위 위에서

그리움을 자아내고 있다

– 〈돌, 그리움 2〉 전문

위 시를 보면 화자는 시詩를 쓰면서 또 다른 취미로 강이나 바닷가에서 돌을 채집하는 탐석인 으로 활동한 기간이 무려 30년쯤 된 것 같다. 단순한 무생물인 돌이 탐석인의 손에 선택되어 생명을 얻고 인간과 교감하며 생의 부활을 꿈꾼다는 건 상상만 해도 신비로운 일이 아닐 수 없다. 탐석인들은 동 트는 아침부터 노을 지는 저녁나절까지 발이 부르트도록 돌과의 연緣을 맺고자 강가를 누비고 헤맬 것이다. 그리고 거기에 아름다운 생명을 불어넣는 인지 작업을 할 것이다. 이처럼 시인은 다재다능한 생활을 하면서 그곳에서 삶의 의미를 누구보다도 뜨겁게 불태우고 있다.

위의 시에서 '만추의 노을빛/ 칼바위와 불새 한 마리/ 푸두둑 내 품에 안겼다'(1연 2, 3, 4행)라며 비안도 바닷가, 칼바위 능선에 외롭게 앉아있던 새 한 마리를 격하게 가슴에 안는다.

그러면서 그는 '십수 년 전/ 슬픔을 방울방울 태우며/ 초승달빛 속으로 떠났던 불새'(2연 2, 3, 4행)임을 단번에 알아본다. 어쩌면 화자의 가슴에 화인으로 각인된 영원불멸의 첫사랑임을 초인적인 영靈으로 알아 본 것이리라. 그는 이내 그 불새를 본인의 거처로 들여 함께 동거를 시작할 것이 분명하다. 그리고 그 수석을 보며 시, 3연의 2, 3, 4행처럼 '담홍빛 자태 피우며/ 제2의 불새가 칼바위 위에서/ 그리움을 자아내고 있다'고 노래하고 있는 것이다. 아주 오랜 세월이 흐르는 동안 화려하고 황홀했던 첫사랑 그 소녀의 모습은 간데없고 묵묵히 회화적인 파스텔 톤으로 담담하게 다가오는 그 여인! 그녀는 다시 화자의 가슴을 활활 태우는 불새로 다가와 오랜 기간 동안 그와 함께 바람 부는 날도 눈 내리는 날도 물 새우는 밤도 그와 교류하고 교감하며 유유자적 둘 만의 시간을 보낼 것이다.

다음은 그의 시 〈어느 돌쟁이의 사랑〉을 보자.

탄금대 돌밭엔 돌 꾼들
물결 물결 돛단배
어둠이 오면 부딪쳐 나누어지는 석인들
돌과 석인과의 만남은 행복과 애틋한 생이어라

어언 30성상 돌쟁이가 되어 날마다
입술을 퍼붓고 몸살을 해대던 그날 밤
꿈에 본 불새가 천년 학이 되고 용이 되고
달마선사 신선대 올라 구름 타고 주유천하
통천의 불두화 미소
문득 꿈에서 깨어난 나는 몹시 슬퍼했다

해가 뜨고 지고 또 뜨고 지고
나의 꽃구름이여!
너와 내가 입맞춤하는 거울 속으로 날아와 보렴

-〈어느 돌쟁이의 사랑〉 전문

최고의 수석에는 우주 삼라만상이 신비스럽게 응축되어 있다.

수많은 세월 모진 풍상에 시달려 이미 달관하고 때론 초월한 상태의 모습을 하고 있는 돌들!

탄금대 탐석인들로 붐비는 강가, 잔잔한 물결의 노래를 자장가 삼아 몸을 누이고 있을 때, 때론 탈진한 상태로 석인과 눈이 마주쳤을 때 돌과 석인은 서로를 '돌과 석인과의 만남은 행복과 애틋한 생이어라'(2연 1행) 감격해 하며 뜨거운 조우를 나눈다.

그리고 '어언 30성상 돌쟁이가 되어 날마다/ 입술을 퍼붓고 몸살을 해대던 그날 밤'(2연 2, 3행)을 보면서도 석인은 꿈결에 일생일대의 인연을 만나기 위해 강가를 누빈다. 달빛 속으로 사라진 불새를 만나기 위해. '통천의 불두화 미소'라고 단정 지으면서도 말이다.

향기를 감추고 서 있는 그 은은한 불두화 꽃의 자태!

그 환하디, 환한 꽃그늘 아래서 화자는 제행무상諸行無常! 허망한 꿈자리를 털고 일어나며 아쉬워한다. 그러면서 '나의 꽃구름이여!/ 너와 내가 입맞춤하는 거울 속으로 날아와 보렴.'(3연 2,3 행) 하며 간절한 기다림의 포지션을 취하고 있다. 나의 꽃구름! 잡을 수 없는 허공에 뜬 연緣을 바라보며 제발 내 품으로 날아와 안겨달라며 고뇌한다.

수반 위에 앉아있는 돌, 수석을 바라보면 바라볼수록 세상 모든 이치가 생생히 살아 물결 일렁이듯 유혹하는 오묘한 세계! 그 세계에서 신선처럼 노니는 석인들의 모습을 상상해 본다.

다음은 〈제행무상〉이라는 시詩를 만나보자.

> 나는 항상 가을이 서러워요
> 겨울도 더욱 슬프고요
> 나는 사랑이 퐁퐁 솟은 봄이 좋아요
>
> 푸른 날 푸른 이파리에
> 비망록 시를 죽도록 써놓으면

언젠가 앙상한 나목 되어 날아가고 말지요
나는 항상 가을이 서러워요

수많은 돌 사연들이 강과 바닷가 산골짜기
저편에서 서성이고 있다는 것을 알지만 그날을
기약하기 무척 어렵다는 것도 잘 알아요

나에게 다가올 겨울은 더욱 슬퍼요
영원히 지워지지 않을 문학회 임들
어떻게 답례를 해야 할지 雲石의 나라는
섣달 맹추위에 가슴마저 꽁꽁 얼어붙어
내 마음속 사랑의 향기를
바람에 실려 보내줄 수 없잖아요
그래서 겨울은 너무 슬퍼요

– 〈제행무상〉 전문

위의 시, '나는 항상 가을이 서러워요/ 겨울도 더욱 슬프고요/ 나는 사랑이 퐁퐁 솟은 봄이 좋아요' (1연 1, 2, 3행)라고 노래한다. 성장을 거듭하는 여름을 지나 거둠의 계절, 즉 수확의 계절 만추의 가을도 겨울과 근접해 있기에 서럽고 쓸쓸하다고 볼 수 있다. 거기에다 겨울은 완전한 소멸을 뜻하는 동토의 땅으로 전락되기에 화자는 만물이 별처럼 움트는 봄을 사랑하는 것이리라. 2연의 1, 2, 3,행을 보면 '푸른 날 푸른 이파리에/ 비망록 시를 죽도록 써놓으면/ 언젠가 앙상한 나목 되어 날아가고 말지요'라며 이처럼 푸른 잎 무성한 여름도 언젠가는 숲 속의 새소리 그칠 것이고 가을, 겨울 역시 제자리에 있지 않고 변하여감을 허탈해 한다. 따라서 인간 또한 자연의 일부인 이상 언젠가는 소멸해 버린다는 허망한 이치 앞에 화자는 또다시 '수많은 돌 사연들이 강과 바닷가 산골짜기/ 저편에서 서성이고 있다는 것을 알지만 그날을/ 기약하기 무척 어렵다는 것도 잘 알아요.'(3연 1, 2, 3행)라고 고백한다.

이 또한 제행무상諸行無常! 모래알처럼 많은 수많은 이야기들이 돌의 심장에 경전으로 박힌다 해도 이 또한 언제 구름처럼 사라질지 기약할 수 없다고 토로한다.

그의 시, 마지막 연, 4연의 2행을 보면 '영원히 지워지지 않을 문학회 임들'을 호명하며 슬그머니 시詩의 혼불인 시마詩魔를 불러들인다. 화자의 시詩는 그의 정신이고 영靈이기에 생멸과 허무란 있을 수 없는 것이다. 추측하건대 화자의 내면에 들끓고 있는 시마詩魔는 변하지 않는 불변의 법칙으로 영원히 끓어오를 것이다.

10. 詩의 숲길을 나오면서

요 며칠 간, 제법 많은 분량의 시詩를 만날 수 있었다.

막사발 같이 투박하면서도 정감 있는 시詩, 그 내면의 소리들은 무척이나 진솔해 귀 기울여 듣지 않을 수 없었고 그 시詩의 냄새는 꼭 고향의 흙냄새처럼 질리지 않는 향기로 오랫동안 주위를 맴돌았다. 문학에 있어 그 어떤 이론의 잣대로 논리정연하게 시심詩心을 강요한다면 아마도 화자는 스프링처럼 튀어나갔을 것이다. 있는 그대로 자연 그대로 가식 없는 시詩의 매무새는 곧 흩어졌다 모임을 반복하면서 작품의 완성도를 높여나갔다.

70년대 과도기적 시대 상황에서부터 면목동 달동네를 추억하고 끝내는 용암 같은 시마詩魔 하나 달랑 끌어안고 고향의 품으로 안기기까지는 화자는 상처투성이 생을 살았다 할 것이다.

세속적 욕망과는 거리가 먼 무기물이면서도 유기물인, 유기물이면서도 무기물인 상태로 우리가 마음을 열면 돌멩이 한 짐, 나비 수만 마리가 우르르 쏟아져 나오는 것이 문학이라고 본다.

이번에 첫 시집을 오랜만에 출간하는 김기성 시인은 참으로 감개무량할 것이다. 그러면서 그는 100여 편이 훨씬 넘는 시詩의 노래를 부르는 동안 소중한 자아를 발견하고자 시의 숲속에서 자신만이 누릴 수 있는 평화롭고 자유로운 순백의 시상詩想으로 춤추었을 것이다. 서두에서 말했듯이 그에게 있어 땅은(농사) 온전한 축복이자 행복이며 자연과 동고동락하며 얻은 김기성 만의 시의 길로 가는 비밀의 문이기도 하다.

첫 시집이 출간되는 날 그의 보물인 복분자 한 잔에 그만의 사투리를 담아 마시며 '간운보원看雲步月, 영원을 향한 방랑의 노래' 숲길 탐색을 마무리하고자 한다.